政协汕头市委员会
汕头市书法家协会
主编

大南山革命石刻

南方日报出版社
NANFANG DAILY PRESS
中国·广州

图书在版编目（CIP）数据

大南山革命石刻 / 政协汕头市委员会, 汕头市书法家协会主编. — 广州：南方日报出版社，2024.1
ISBN 978-7-5491-2779-5

Ⅰ.①大… Ⅱ.①政…②汕… Ⅲ.①石刻–汇编–汕头②革命史–史料–汕头 Ⅳ.①K877.4②K296.53

中国国家版本馆CIP数据核字(2023)第226274号

DANAN SHAN GEMING SHIKE
大南山革命石刻

主　　　编：	政协汕头市委员会　汕头市书法家协会
出版发行：	南方日报出版社
地　　　址：	广州市广州大道中289号
出 版 人：	周山丹
责任编辑：	蔡　芹
责任校对：	朱晓娟
责任技编：	王　兰
装帧设计：	禹策劃
经　　　销：	全国新华书店
印　　　刷：	广州市新怡印务股份有限公司
开　　　本：	787mm×1092mm　1/16
印　　　张：	10.5
字　　　数：	115千字
版　　　次：	2024年1月第1版
印　　　次：	2024年1月第1次印刷
定　　　价：	88.00元

投稿热线：（020）87360640　　读者热线：（020）87363865
发现印装质量问题，影响阅读，请与承印厂联系调换。

《大南山革命石刻》
编委会

主　编
政协汕头市委员会
汕头市书法家协会

编　委
谢佳华　陈嘉顺　李　楠
许蔚思　辜江枫　林松练

摄　影
翁志雄　林剑锋　林松练　金揭海

PREFACE 前言

中华民族历来有铭石记事、弘扬思想、树碑立传之传统，以之褒扬、纪念先贤。潮汕是具有光荣革命传统的地方，在潮汕大地上，有各式纪念碑、摩崖石刻，镌刻着革命理想和崇高信仰，铭刻着先烈英名和光辉事迹，无言地诉说着革命先辈们为民族独立解放和新中国诞生立下的不朽功勋。

在众多的革命石刻中，大南山革命石刻是其中最具代表性的文物。大南山横跨潮阳、普宁、惠来三地。从1930年秋至1935年夏，这里是东江特委、东江军委、东江苏维埃政府和中共潮普惠县委、县苏维埃政府的驻地。在这五年的时间里，大南山既是潮普惠土地革命战争的领导中心，又是东江各革命根据地事实上的指挥中心。

大南山革命根据地的研究工作是一个逐渐积累，多角度展开的过程。中共广东省委党史研究委员会、东江革命根据地史料征集编写协作组、潮普惠苏区史料汇编协作组曾编写《东江革命根据地潮普惠大南山苏区史料汇编》作为研究工作的史料支撑，相关文章集中发表在《源流》《红广角》《广东党史》《广东技术师范学院学报》《韩山师范学院学报》《文物》等刊物。此外，不少文艺作品从侧面反映了大南山革命斗争的艰辛，主要有郭马风的纪实文学作品《铁笔千秋颂》、马毅友的歌册《铁锤颂》和陈望创作的黑白木刻连环画《南山魂》等。

1930年，为了配合当时的革命斗争，潮普惠县委布置了制作石刻革命标语的宣传任务，石匠翁千毅然接下了这项使命。从此，翁千和战友们将石当纸，在纵横几十公里的大南山各重要隘口，刻下了几十条石刻标语，被称为"石司令"。大南山革命石刻群纵横几十公里，是沿海地区独一无二的红色景观。我们将现存的革命石刻按主题分列如下：

一、反映军民拥护马列主义、拥护中国共产党："拥护中国共产党！"（潮南红场）、"列宁主义万岁！"（惠来盐岭）。

二、拥护红军，拥护苏维埃政府，反帝抗日，打倒国民党军阀："巩固苏维埃政权！"（潮南红场）、"武装拥护苏联！"（潮南红场有两处）、"反对第二次世界大战！"（潮南红场）、"拥护中国共产党红军苏维埃！"（潮南红场）、"反对军阀战争！"（潮南红场）、"反对进攻苏维埃和红军！"（潮南红场）、"扩大苏维埃区域！"（潮南红场）、"反对军阀混战！"（潮南红场）、"反对世界大战！"（潮南红场）、"打倒国民党！"（潮南红场和普宁下溪輋各一处）、"不替军阀当炮灰！"（潮南红场）、"打倒帝国主义国民党！"（潮南红场）、"建立全国苏维埃政权！"（惠来盐场）、"武装拥护苏联！"（惠来盐岭）、"青年参加政权！"（普宁下溪輋）、"反对世界大战！"（普宁下溪輋）。

三、关于内部肃清："肃清机会主义取消派！"（惠来盐岭）、"清除苏区内奸"（潮阳红岭）。

四、关于工农专政、实行土地革命："红军士兵兄弟有得到分配土地"（潮南红场）、"反对官长无理打骂！"（潮南红场）、"实行土地改革！"（潮南红场）、"工农兵团结起来！"（潮南红场）、"工农兵是一家人！"（惠来盐岭）、"士兵去红军中分得土地，参加政权！"（潮南红场）。

五、关于分化瓦解敌人："士兵起来杀死反动官长到红军"（潮南红场）、"不上前线，不打红军，拖枪到红军去！"（潮南红场）、"38红军绝对不杀白军兄弟"（潮阳红岭）、"兵士实行革命兵变！"（惠来盐岭）、"苏维埃不杀白军士兵！"（普宁下溪崟）、"红军绝对不杀白军士兵！"（普宁下溪崟）、"白军士兵投红军，参加土地革命分土地！"（普宁碗仔松树仔）、"苏维埃欢（迎白军士）兵拖枪（到红军来）"（普宁碗仔栌鳗洞桥头，此刻未完工）。

六、关于开展建设："实行建设工作！"（潮南红场有三处同样内容石刻）。

七、关于工会、青年、妇女的文教工作："惠潮普工农兵第一次代表大会万岁！"（潮南红场）、"士兵起来要求合理待遇！"（潮南红场）、"兵士有参加苏维埃被选举权和选举权"（潮南红场）、"男女平权婚姻自主"（潮南红场有两处同样内容石刻）、"士兵不压迫工人和农民！"（潮南红场）、"增加工资！"（潮南红场和普宁下溪崟各一处）、"红军官兵□夫生活一律平等！"（潮阳红岭）、"男女平权婚姻自由！"（惠来盐岭）、"打倒黄色工会！"（惠来盐岭）、"建立赤色工会！"（普宁下溪崟）。

八、宣传武装暴动："武装暴动胜利万岁！"（潮南红场）、"完成西南总暴动"（潮南红场）、"武装暴动胜利万岁！"（潮南红场）、"准备争取全广东政权！"（惠来盐场）、"实行全国总暴动！"（惠来盐场）。

革命石刻蕴藏着丰富的精神力量，对我们继承光荣革命传统、传承红色基因具有重要教育意义。1979年，大南山革命石刻标语被广东省革命委员会公布为省级重点保护文物。1985

年，大南山革命石刻标语获广东省人民政府颁发"广东省重点文物保护单位"保护标志。1990年，潮阳县人民政府在红场广场立碑，记载大南山革命史略，并将保护标志镶嵌其中。

在这本书中，我们用艺术的方式传承红色文化，从选题、收集材料到撰写文稿，编委会一直在不懈努力，始终坚持在宏大的主题或者宏大的历史背景中，凸显对20世纪中国革命的观照；坚持在红色背景的主旨立意下凝练艺术审美价值，从而赋予红色内核以时代价值。

艺术有其自身的规律，在红色文化的传承中应该担负起其特有的使命，艺术家要有艺术的、专业的思考和表达。我们期待本书在当代红色文化中表现出更多深度、广度和温度，为红色文化成为中华文化精神底色的一部分添砖加瓦，构筑文化传承的力量和源泉。所以，我们今天所作的艺术探索，已经不仅仅是革命石刻的研究，而且是一种红色文化精神底蕴的发掘与传承。

希望文艺工作者们更加自觉地肩负起传承红色文化、创作优秀作品的使命，从激励人心的红色革命文化中汲取营养、激发灵感，大胆进行展现红色文化魅力的文艺创作，为观众呈现更多正能量、接地气的精品力作，为传承红色基因、赓续红色血脉作出自己应有的贡献。

CONTENTS 目录

第一章　001
大南山革命根据地斗争概况

第二章　027
翁千事迹与艺术再现

第三章　043
大南山革命石刻艺术赏析

第四章　063
大南山革命石刻与川陕革命根据地红军石刻比较

第五章　081
大南山革命石刻中的俗字与简体字研究

结语　097

附录　103

参考文献　154

后记　156

大南山革命石刻
DANAN SHAN GEMING SHIKE

第一章

大南山革命根据地
斗争概况

第二次国内革命战争时期，潮阳、普宁、惠来三县党组织和革命武装在三县交界的大南山所建立的革命根据地，是中共东江特委领导下东江革命根据地的重要组成部分，是中央革命根据地南方外围屏障之一。1928年3月至10月，1930年10月至1935年6月，东江特委机关曾两次驻留在这里，著名的无产阶级革命家彭湃以及徐向前、李富春、邓发、古大存等曾在这里指导过革命斗争，大南山革命根据地又长期成为指导东江地区革命斗争的中枢。因此，大南山革命根据地在东江革命根据地，乃至中国革命根据地史上占有重要的地位。

　　从1927年起到1935年，它坚持抗争八年，沉重地打击了惠潮梅的反动派，有效地牵制了国民党反动派一部分正规军，有力地支援了中央革命根据地和其他革命根据地的斗争，给东江人民指明了斗争的方向，为此后的革命斗争开辟了胜利的道路，其历史功绩不可磨灭。

一、大南山革命根据地开辟的历史条件

　　（一）大南山的地理条件及所处三县的历史状况

　　大南山是莲花山脉南阳山的延续，东西走向，横跨潮阳、普宁、惠来三县，东西相距五十多公里，南北相距三十多公里，面积一千五百多平方公里。西北高峻，连通南阳山、大北山，有回旋余地；东南丘陵起伏，濒临南海，有利于从水路接

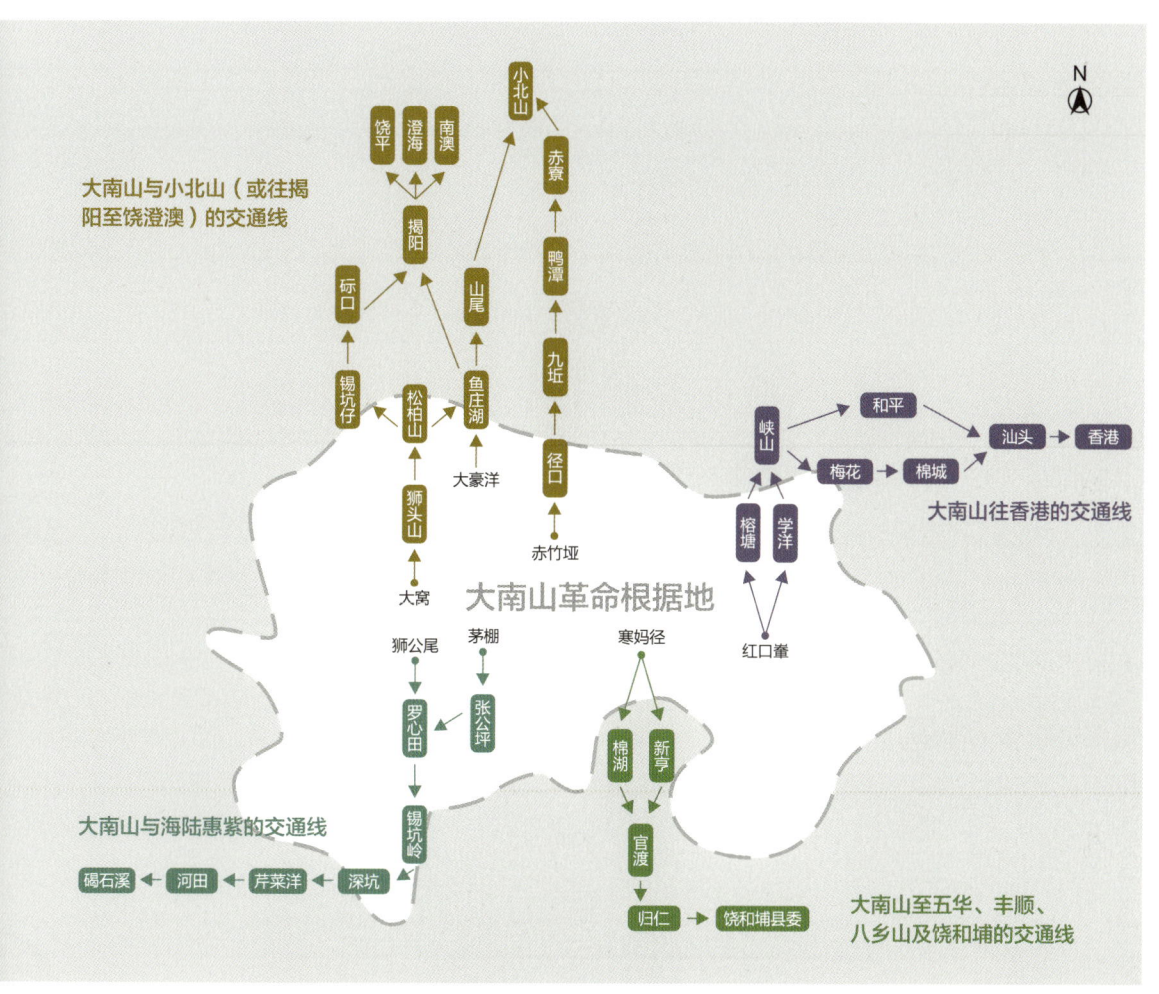

▲ 大南山交通线

受中共中央南方局、广东省委的领导。主峰望天石，高达九百多米，周围群山耸立、怪石嶙峋，岩洞密布，利于隐伏掩蔽，坚持对敌斗争。境内有百余村落，五万余人口。土地肥沃，宜农宜果，通联潮汕平原及南海鱼米之乡，有可供挖掘的经济潜力。三县界地交错接壤，人民交往关系密切。

大南山乡村较小，村民主要以佃耕平原地区的地主土地和从事果林业为生。从五四运动到第一次国内革命战争时期，三县的一批革命知识青年，如杨石魂、方方、伍治之、方汝楫、

▲ 大南山红场革命烈士纪念碑

方凤巢等，或积极参加和领导爱国学生运动，或在家乡组织进步社团，办革命刊物，传播马列主义和进行反帝反封建的启蒙教育运动，为各县建立党团组织打下了思想基础。

（二）第一次国内革命战争时期农民运动的兴起和农民武装的建立

第一次国内革命战争时期，潮阳、普宁、惠来等县农民运动，在1925年国民革命军两次东征的有利形势影响下，在彭湃领导的海陆丰农民运动的推动下，有了蓬勃的发展。1926年1月普宁农民运动爆发，十余万有组织的农民，在党的领导下武装围攻普宁县城并获得胜利。在斗争中，党支部吸收了五十多位积极分子入党，壮大了党的组织。此后，在离县城三里的塔脚设置县农会，建立农贸集市，形成了与反动堡垒县城相对峙的普宁第一个革命据点。在斗争中，各县以农会为主体的革命群众组织有了空前的发展。潮阳有六个区成立了农会组织，其中五、九两区各有农会会员一万人以上。惠来有农会会员五万零四百多人，一些地区还组织了盐民工会。大南山农会也从西部林樟、河田等村首先建立起来，并逐步向东部扩展，从减租斗争发展到抗租、抗债斗争。各县从1925年冬起先后建立党组织，惠来、潮阳各有党员二百人左右，普宁有党员三百余人。各县于1926年底至1927年初，在各区乡普遍建立农民自卫军的基础上，在东征军总政治部主任周恩来派遣的黄埔军校学生军的指导训练下,成立五十至二百人的农军中队或大队。以上这些,为以后党领导武装斗争、创建大南山革命根据地准备了有利的条件。

(三)普宁"四二三"武装起义、南昌起义军入境及年关暴动

1927年"四一二"反革命政变后,为了反击国民党的白色恐怖,潮梅地委委员杨石魂、省农协潮梅海陆丰办事处委员林甦、办事处农军部主任李芳岐等聚集于普宁,会同前来普宁的潮阳、惠来部分农军,成立军事委员会,设立指挥部,由李芳岐任总指挥,统率农军四千多人,于4月23日发起第二次围攻普宁县城的战斗,全歼了敌援军一个正规连。在胜利声势下,普宁于月底在大坝成立县临时革命政府。不久,由于反动派派兵驰援普宁反动地主武装,攻城农军遂撤出战斗。其中一部分退往陆丰,与海丰等县农军会合,组成惠潮梅农工救党军,北上湘鄂,其余大部分就地隐蔽,另有一部分退入大南山伺机再起。

1927年,南昌起义军南下入境前后,三县革命武装迅速恢复,积极活动。8月31日,潮阳、普宁二县武装攻下潮阳县城,歼灭一部分敌人并释放监中犯人,后即行转移。9月中旬,惠来武装进攻隆江、葵潭镇并攻占神泉镇。9月24日,南昌起义军进入汕头,普宁农军立即响应,第三次围攻普宁县

▲ 潮普惠苏维埃政府旧址

城。9月28日,在起义军一个团三百人协攻下,守敌投降,起义军缴获枪一百杆及黄金、白银一批。10月初,起义军在撤往海陆丰途中经潮普县境,留下了一批武器及干部,如贺龙部炮兵连连长邓宝珍和绘图师贺志中等,大大充实了地方武装力量,为以后创建大南山革命根据地打下更加坚实的基础。

1927年底,在省委和东江特委的指示下,三县以本县农民自卫军为基础建立了广东工农革命军东路团队(潮阳第三团队、惠来第五团队、普宁第六团队),各县区乡还建立了赤卫队,革命武装日益壮大。1927年12月30日至1928年1月2日,普宁实行全县总暴动，揭开三县年关暴动的序幕。进入2月，在由东江特委书记彭湃带领、徐向前等指挥的红四师（后加红二师）支援下，三县先后攻下一批反动据点。普宁于2月初攻下反动据点果陇，2月中旬在波沟成立县苏维埃政府；惠来于3月12日在苗海村成立县苏维埃政府，并于14日、22日二度攻下惠来城，击溃敌七十六、七十七团并击毙七十七团团长。至此，暴动达到高潮。在年关暴动和普宁、惠来二县及部分区乡建立苏维埃政府前后，三县普遍开展镇压反动豪绅地主，没收反动地主浮财，收获地主田契、租簿、契约，收回当铺典物等斗争，并在部分地区着手进行分配土地工作。农民运动发展到土地革命和夺取政权的新阶段，必然导致阶级斗争的尖锐化。这时地主阶级组织起保安队、自卫团等反动武装，对抗革命武装，洗劫赤色乡村。国民党反动派也先后派陈济棠、钱大钧、陈铭枢、黄旭初、徐景棠等人拼凑出两个团达到一个师以上兵力，妄图镇压三县人民革命。在敌强我弱形势下，三县的领导人在实践中认识到，应该找一个可以依托和回旋的地方。于是，三县交界的大南山便成为革命队伍的会合地。1927年底，普宁后方委员会主任何石带领一批干部进驻三坑村，着手进行大南山西部的开发工作。他们在大南山发展党员，健全农会组织，开设军事训练班，设立枪械修理厂、后方医疗所和拘留所。与此同时，惠来党组织的领导人方凤巢和潮阳党组织的领导人陈开芹等,也先后带领革命武装、进入大南山区活动。从此大南山的莽莽丛林和巍巍峰峦,踏满了革命者的足迹。

二、大南山革命根据地的建立、发展和坚持

大南山革命根据地自1927年冬开辟后,其斗争历程可分为三个时期:初创时期、巩固和发展时期、坚持反"围剿"斗争时期。

（一）初创时期（1927年冬—1930年夏）

大南山革命根据地的创建,经历了艰苦曲折的过程,同时又经历了从自发到自觉、从各县各自行动到统一行动、从单纯军事行动到全面开展工作的发展过程。

1.继续面向城镇,不断暴动,斗争受挫

为了执行省委、东江特委关于整个东江的暴动计划,推动潮普惠三县斗争的发展,1928年1月31日,东江特委书记彭湃率领红四师经惠来五福田到达普宁指导斗争,2月下旬以后,又到惠来开展工作。3月,海陆丰失陷,惠来、普宁平原斗争受挫,彭湃带领从海丰转移到惠来的东江特委机关和红四师、红二师进入大南山,三县武装也聚集在山上,大南山成为指导三县暴动的大本营。这时,领导机关虽在山上但却极力批判所谓"上山主义",仍把工作重点放在夺取城市上。由于面向城镇,强攻硬打,不断暴动,红二师、红四师以及地方武装损失

▲ 近年出版的连环画《血色大南山》

过半。1928年4月5日，敌军黄旭初、徐景棠部大举进攻潮普惠，以惠来城重陷敌手为标志，革命走向低潮。省委及东江特委认为此时"仍是暴动局面"，要坚决执行"东江割据任务"并"先行完成海陆丰、惠来、普宁、潮阳这一区域的割据计划"。因此，5月5日至12日，由彭湃主持，潮普惠三县县委联席会议在大南山林樟召开，会议制定了三县暴动计划，成立了三县暴动委员会，准备先从惠来、普宁举行暴动，然后进攻潮阳，夺取三县政权。5月下旬，东江特委、惠来县委为了执行三县暴动计划，在林樟先后召开了工农兵代表大会和干部大会,限期第三次攻克惠来城。结果,不但计划未能实现,连开会地点和驻林樟的东江特委、惠来县委机关也遭敌袭击。在强敌进攻下,各县武装队伍及县、区机关更加涣散。

6月下旬以后,中央和省委先后发出指示,提出"严禁盲动",纠正盲动错误,指出我们的斗争"一定要发动群众起来,造成真正群众的斗争"。彭湃和东江特委其他负责人在上级党组织的指示下,通过总结经验教训,对盲动问题开始有所觉察和认识,在政策上作了一些适应形势的调整和必要的收缩。其中对红二、四师官兵和地方武装人员,分别做遣送、分散、转移等安置工作,就是一个重要步骤。这时,彭湃在强敌跟踪追击的情况下,和夫人许玉磬转徙于白马仔、林樟、盐岭、雷岭等一带的深山老林,做了许多艰苦细致的政治思想工作和组织工作。他那坚韧不拔的斗争精神和坚定的革命信念,以及以身作则、严于律己、身先士卒、与人民共患难的高尚品质,深深地印在大南山人民的心里,成为鼓舞群众克服困难和坚持对敌斗争的巨大动力。

2.坚持艰苦卓绝的隐蔽斗争

1928年9月29日,驻羊公坑的东江特委机关遭敌围攻,彭湃在部队掩护下安全撤退。在此前后,特委委员郑志云,惠来县委负责人方凤巢、吴应丁、吴乃良、王昭海,普宁县委书记彭奕以及其他负责人翁施光、陈宇任等,先后在战斗中牺牲或

▲ 红军医院外景

被敌捕杀；撤离大南山往平原社香寮一带活动的继任普宁县委书记方家悟，也于11月病故。11月彭湃奉命上调后，东江特委机关撤离大南山。在敌人围攻的困难情况下，革命队伍中有少数意志薄弱的人动摇逃跑了。但三县中有一部分坚强的战士，如三县党的负责人潮阳陈开芹、惠来方吉士和普宁何石等，宿于荒郊野岭或石洞炭窑中，冒着生命危险，忍受着饥寒交迫，昼伏夜出地做群众工作，顽强地与敌人隐蔽地作斗争。中共广东省委委员、普宁县委委员、工农革命军第六团团长何石及其所带领的短枪队的革命斗争较为典型。

3.贯彻六大精神，发动群众，重建武装，开展游击战争，根据地建设初具规模

1928年12月10日，东江特委临时会议在八乡山召开。会后，东江特委派委员方汝楫来潮普惠传达六大精神，进行恢复

和发展党组织工作，使一度中断的上下级党组织关系，得到了恢复。六大决议精神传达后，领导干部明确了当时处于两个高潮之间的革命形势，认识到扩大党的政治宣传、组织群众开展日常生活斗争的重要性，他们在井冈山根据地斗争胜利的启示下和革命实践的体验中，进一步认识到建立大南山革命根据地的重要性。于是，三县都积极开展建设大南山革命根据地工作，潮、普、惠、揭（阳）四县定期召开会议，统一领导和部署。这时期，三县干部在正确路线指引下，在阶级矛盾日趋激化的有利形势下，做了大量艰苦深入的群众工作，斗争大有起色。惠来县于1929年1月1日在羊公坑举行七天干部会议，听取方汝楫传达上级指示后，讨论和部署工作，并于大南山上的松柏林建立县委机关。他们首先从恢复山区阵地做起，接着拔除了华湖反动据点，在大南山东部打响了1928年革命低潮后武装斗争胜利的第一炮，使山区工作得到迅速的恢复和发展。到4月底，全县恢复和新建的党支部就有16个，并建立了许多秘密的农会组织。普宁、潮阳二县县委接上关系后，除恢复山区工作外，县委机关分别迁至六区六乡（后移至宝镜院、马湖一带）、和平等平原乡村，积极开展平原党组织的恢复发展和农会的组织工作。二县县委重视解决群众切身利益问题，借以调动群众的斗争情绪。继夏收抗租斗争后又开展秋收斗争，至8月，普宁恢复和新建党支部达50个，共有党员520人；潮阳

▲ 大南山中共东江特委旧址

21个，党员240人；惠来25个，党员130人。三县还建立了许多农会组织。通过指导日常斗争和开展革命节日公开宣传活动，三县的平原工作有了很大的发展。在红四军进军东江的声威影响下，东江革命运动进一步发展。11月14日东江革命委员会成立之后，惠来建立县苏维埃政府，普宁、潮阳成立政权性质的县革命委员会，设址于大南山上办公。接着，三县一些区乡也相继成立了苏维埃政府，并响亮地提出了"实现党的土地政纲""没收地主的土地归农民分配"的口号，着手进行土地分配工作。1929年冬，第一批分配土地试点工作开展，到1930年夏，工作全面铺开。秋收斗争前，三县联合建立四十七团作为自己的主力部队，区乡建立了赤卫队。革命武装积极开展活动，扫除大南山边缘反动据点，歼击地主武装，扩大自己的力量，进一步巩固山区革命阵地。1930年4月28日，四十九团、四十七团于林招抗击国民党毛维寿的戴戟部队及地方警卫团队2000多人的进攻，毙敌100余人，俘敌23人，打了一场威震敌胆的战斗。此后，革命武装逐渐由内线作战转移到外线作战，在军事上逐渐取得主动地位。但这一阶段后期，由于受李立三"左"倾错误的影响，部队强攻硬打，损兵折将，受到很大损失。不过由于前段工作基础较为坚实，总的局势仍是向前发展的。经过艰难曲折而又坚持不懈的斗争，大南山革命根据地的建设，才初具规模。

（二）巩固和发展时期（1930年秋—1931年冬）

1930年11月三县合并为潮普惠县后，大南山革命根据地进入全面建设时期。这一时期，建设大南山根据地出现了许多有利的条件：

1.1930年10月末至11月初，中共中央南方局李富春及邓发等到大南山大溪坝村召开闽粤赣边区第一次党代表会议。会议主要讨论如何把闽粤赣边界的根据地打成一片，使根据地巩固和发展的问题，并重点提出了"暴动是艺术"这一问题，批判了本地区从1930年夏到10月在李立三"左"倾错误思想的指导下强攻城镇损兵折将的做法。会议使大家进一步认识到在"三不管"地区建立边界根据地的重要性，在实践中不同程度地纠正了具有李立三"左"倾错误主要特征的一些举措，为全面建设大南山根据地打下了可靠的思想基础。

▲ 后坪石犁徽章石刻

2.1930年11月，潮普惠三县建立潮普惠县委，每县划分为三个大区，即潮城、玉峡、贵屿，普城、大坝、流沙，惠城、葵潭、靖海，大南山成立特区（后又建立了云落特区和小北山特区）。各区成立区委，在县委统一领导下开展工作。三县共有200多个支部，党员1400人，党的队伍空前壮大。这时，东江特委、东江苏维埃、东江军委等领导机构，也先后迁移到大

▲ 红军医院远景

南山来，许多参与海陆丰农民运动、苏维埃运动而熟悉当地情况的坚强骨干，如东江特委书记徐国声，东江苏维埃政府主席陈魁亚，东江特委委员陈子岐、陈振逢，东江特委妇女委员郑振芬等，都处于领导地位，曾跟随彭湃在大南山战斗过、刚从上海回来的彭湃夫人许玉磬，化名许冰，也参与东江特委领导工作，东江特委领导力量得到统一和加强。

3.1930年底，蒋、冯、阎军阀混战结束，国民党反动派又集中兵力攻打中央革命根据地，敌人在东江的军力相对削弱。1931年，敌张瑞贵部由独立旅扩充为独立师，除负责驻防潮普惠地区外，还要顾及兴宁和饶平等地防务。1930年11月22日，驻普宁流沙警卫大队的中队长庞柱率队上大南山投诚。敌我力量对比和军事形势的变化使大南山革命根据地的斗争形势变得有利。在东江特委直接指导和潮普惠县委的统一领导下，

▲ 红军医院内景

建设大南山根据地的工作全面开展。成果包括：1930年11月，在大溪坝村举办潮普惠三县工农兵代表大会；深入开展土地革命运动；扩大红军与加强地方武装，1930年底，红十一军改编为东江红军独立师，此外还组织起政治保卫队、军校学生军、地方特务队、游击队、工人纠察队、各乡不脱产的赤卫队等武装力量；建立西南医院这所红军医院；广泛开展政治教育、宣传、文化工作，潮汕地区的革命石刻就是在这一时期产生的；开展游击战争，开辟小北山根据地。但在这一时期，受王明"左"倾错误影响，特别是"肃反"扩大化，革命事业遭受了极大的挫折。

（三）坚持反"围剿"斗争时期（1932年春—1935年夏）

1932年3月，国民党粤东驻军为配合蒋介石对中央革命根据地的第四次"围剿"，向大南山革命根据地发起了大规模军事进攻。大南山的军民，在党的领导下，与敌人进行了长期不屈不挠的斗争，根据地进入了艰苦卓绝的反"围剿"斗争时期。

1.军民同仇敌忾,挫败张瑞贵的"围剿"计划

1932年3月12日,国民党广东军阀陈济棠部属独立二师师长张瑞贵倾三个团(后又增加一个独立团)三千余众的兵力,联合地方警卫队共计4000多人,向大南山革命根据地发动了疯狂的军事进攻。敌人采用军事"围剿"和政治迫害、经济封锁相结合的手段,妄图在两个月内攻陷大南山。东江特委、潮普惠县委领导大南山革命根据地的军民,与敌人进行了针锋相对的斗争。

(1)挫败敌人的军事"围剿"计划

最初,敌人采用"集中包剿,分区搜索"的办法,集中兵力,"围剿"东南部的同时,调集部分兵力到西北部搜索。游击队则避其锋芒,分兵扰敌,伺机集中力量,歼其一路(或一部),挫败敌人的进攻,还完成了"牛牯尖打陈叮冬"的成功战例。

1932年8月以后,敌人感到进山"围剿"容易在运动中遭伏击,故又改变战术,除一团人继续驻扎在大南山周围外,再派一团人进驻大南山的秋风岭、大拳、潘岱、林招、圆墩(后移河田)、三坑(后移田坪)等村,实行所谓"进剿"和"驻剿"相结合的办法,妄图寻歼游击队主力和捣毁根据地党、政、军各机关。针对敌人的部署,游击队把主力尽量调往外线作战,发动群众建立新区,以策应大南山根据地的斗争。在大

南山根据地内，则组织三支小型精干队伍，在群众配合下，或凭借险要地势与敌周旋，或神出鬼没袭扰敌营，使敌人疲于奔命，"不能自由在苏区行动"。党十分重视在山上坚持斗争的赤卫队员的组织工作，把他们组织起来，编成中队或大队。赤卫队员平时分散各乡，一有情况，随时集中，配合部队和机关阻击和袭扰敌人。西南医院医务人员所组成的武装突击队，在戴雨田的领导和当地群众配合下，也取得了许多重大战绩。他们自制了许多地雷，埋在一些要隘路口，用巧妙的方法引诱敌人上当，炸得敌人胆战心惊。他们还常常组成三四人为一组的小分队，袭击田坪驻敌。敌人在游击队的袭击下，人员死伤，子弹消耗，军心动摇。1932年冬，在游击队员的策动下，田坪驻军一个班带一匹马向游击队投诚。经过艰苦斗争，敌人"驻剿"的计划也被挫败了。

（2）粉碎敌人的政治迫害和经济封锁

敌人在实行军事进攻的同时，还采用政治迫害、经济封锁和制造无人区的毒辣手段，疯狂地摧残大南山根据地。仅1932年4月3日至25日的二十多天里，大南山被烧毁的乡村就达30余个，被捕群众达500多人，其中惨遭杀害的壮年农民就有100多人。群众被抢劫的耕牛、农具、粮食、种子、衣服等，更是不计其数。敌军在抢杀掳掠的同时，还强令山上的所有居民，全部移住平原，妄图割断党、政、军同民众之间的血肉联系，毁灭根据地赖以生存的条件。在敌人的"三光"政策下，虽然大批的农民离开了大南山，但仍有部分农民坚持不出山，与红军一道，在极其险恶的环境下坚持斗争。如雷岭蔗尾村党支部，把赤卫队员组织起来，轮流站岗放哨，武装保护群众开荒生产。春耕时节，情况紧迫，大家就在夜里插秧，抢时间完成春耕任务，做到战斗生产两不误，受到了县苏维埃政府拨给两头耕牛的奖励。党针对根据地里群众的切身利益问题，根据不同时期和不同地区的特点，提出了切合实际的具体的战斗口号，领导群众，开展斗争。如在水稻收割期，提出"保护秋收"的战斗口号；在果子成熟期，提出"武装采摘果子"的口号；春荒、秋荒时节，则发动山上群众，下平原没收反动地主的浮财、粮食，解决荒月困难。在土改后的乡村，发现地主、富农有"反水"讨田或土地没收漏网的，党组织则根据上级提出的"开展查田运动"的口号，领导群众进一步深入开展土地革命斗争。在查田运动中，大溪坝村女共产党员余秀叶等，在几里路外的潘岱村有敌驻军的危险情况下，不顾个人安危，领导查田委员会与反动富农余成文作坚决斗争，使该村的查田运动得到顺利开展。群众从这些英勇无畏的共产党员身上，感受到党为人民谋利益的情怀，进一步激发了支援和参加反"围剿"斗争的热情。敌人为了断绝红军的给养，对大南山实行了严密的经济封锁。他们在出入口和要隘处构筑炮楼，设置关卡，派兵把守，对上山的群众严加盘查，多番刁难，甚至惨无人道地开枪射击。但敌人的封锁，锁不住群众一颗颗革命的心。红军的粮食吃完了，山上的农民便把预先埋藏起来的粮食挖出来，支援部队。粮食吃完后，他们又冒着生命危险，下山找粮。被迫迁往平原居住和大南山根据地周边的群众借上山种田、砍柴、割草的名义，将粮食和食盐藏在粪桶里、筐箩里、竹杠里，瞒过敌人的哨兵送上山来。敌人盘查得严，他们就在晚上绕过敌人的岗哨，偷偷上山，把物资存放在约定的地点。党及时总结对敌斗争经验，进一步开展有领导有组织的反封锁斗争。党先后在通往大南山西部的各个入口处，设置粮食站（或供应站），由围绕在党周围的群众组成运输队伍，建立了多条秘密运输路线。各条路线运送的粮食和物资，送主基点集中后，再通过负责部门分配到各个部队和机关单位去。敌人白天活动，我方夜里运输；敌人从大路来，我方绕小道走；敌人在商店门前盘查，我方从商店后门交货上路。其间涌现了许多感人故事，如：锡云路的倒拔岭村贫农黄坎头，为做好红军粮食的运输和供应工作，一家四口（本人、母亲、妻子、儿子）先后被捕，壮烈牺牲。党通过发动群众，依靠群众，粉碎了敌人的经济封锁。在中央不断派军事干部（如东江游击总队长周友初等）加强领导和中央、闽西革命根据地反"围剿"斗争推动下，在东江其他革命根据地和非苏区革命斗争的配合下，大南山革命根据地紧紧依靠人民群众，在反"围剿"斗争中取得了很大的胜利，不断挫败敌人的"围剿"计划。在严酷的对敌斗争中，有少数的人动摇逃跑了，有个别人叛变投敌了。但是，仍有许许多多党的领导人、坚强的革命战士，在大敌"围剿"面前，在粮绝弹尽、饥寒交迫的极端艰难困苦下，仍然坚持与敌人作不屈不挠的斗争。他们或临危不惧，胆略过人地率领部队与敌周旋；或身陷敌围，血战到底，流尽最后一滴血；或在敌人狱中慷慨陈词，怒斥群凶，最后壮烈就义。东江党政军领导人古大存、潮普惠第一游击大队长刘明合、潮惠普县委秘书李应、红二团团长卢笃茂等就是英勇战斗的杰出代表。

2.转移队伍，艰苦斗争，根据地陷于敌手

1934年10月，中央红军长征后，参加"围剿"中央苏区的广东军阀陈济棠所部，陆续返防广东，重兵压境，加紧对东江革命根据地的"围剿"。1935年4月，国民党陆军第三军第九师邓龙光，接替了张瑞贵，将一个师的兵力布置在葵潭、流沙、司马浦、两英一线，连营七十里，密布岗哨，加上在惠来城方向的设防，把大南山紧紧包围。经过残酷的反"围剿"斗争之后，这时在山上坚持斗争的只有一百多名同志。鉴于形势险恶，东江特委在大溜石洞召开了最后一次会议，决定武装人员冲出重围，分散活动，留一些同志在山上进行隐蔽斗争。在隐蔽斗争中，东江特委委员陈振逢和郑振芬夫妇表现出共产党员的铮铮铁骨。古大存率领的王顺等十七名武装人员转移到丰顺，后挺进到大埔一带活动。

1935年10月，大南山革命根据地完全落入敌手，敌人在林招成立南山管理局，在这一地区施行新的血腥统治。东江特委和潮普惠县委领导下的大南山根据地军民三年多的反"围剿"斗争，牵制了广东军阀一个正规师以上的兵力，歼灭了敌人大量有生力量，有力地支援了中央革命根据地和其他革命根据地的斗争，建树了辉煌的革命功绩。

三、大南山革命火种不灭，斗争不息

大南山根据地的武装斗争虽然暂时停止，但革命的火种没有被扑灭，各种形式的斗争从未止息。

1.转移到各地的武装力量，继续坚持斗争。古大存所率领的队伍，在大埔一带，继续坚持游击活动。张木葵所部的战士彭沃、陈石甫，红二团骨干曾桂等则分散隐蔽活动。他们先后与党组织取得联系，参加抗日武装组织，在斗争中发展壮大，成为华南抗日武装力量的组成部分。

2.一批党员和积极分子，隐蔽下来，与人民一道，继续坚持各种形式的斗争。不少党员骨干、烈士家属和革命群众，冒着生命危险，保护了革命标语和革命胜迹，保存了党的文件和

烈士遗物，让革命精神流传下来。其中突出的有大溪坝村党员廖原等人，他们参加善堂组织，团结周围群众，通过公开合法的手段和巧妙的方式，与敌人作斗争，保护了敌人处心积虑想要清除的红场周围的石刻革命标语及其他革命遗迹。龟山湾革命烈士蓝添顺的母亲和尚姆，在南山管理局近在咫尺和乡公所设在家门口的情况下，始终把潮普惠县苏维埃政府签发的烈士抚恤证珍藏着，用它和儿子的事迹来激励周围的群众，对抗国民党和地主的压迫。一批红色宣传员，如随彭湃到大南山的女战士、红二团宣传队员刘明招，下溪輋青年积极分子、南山特区宣传员马金水等，坚持活跃在人民中间，保持了红色宣传员的本色，向群众传唱革命歌曲，宣扬革命烈士的事迹，鼓舞人民的斗志。一批经斗争烈火熔炼的党员和战士从监狱或南洋等地回来，隐蔽在大南山或大南山周围的学校等阵地，开展革命活动。参加革命斗争而两度入狱的共产党员马士纯和参与海陆丰苏维埃运动的革命者李坚是其中的代表。他们于1934年、1935年先后来到大南山下埔塘乡，与许宜陶、邱秉经、黄声等一批进步教师一起创办兴文中学，为培养新生力量、迎接新的斗争时期而奋斗不息。这些，为即将到来的抗日高潮，从思想上、组织上和干部上准备了有利的条件。

大南山革命石刻
DANAN SHAN GEMING SHIKE

第二章

翁千事迹与艺术再现

在中国革命的漫长岁月中，印刷、手写的革命标语何止千千万，而沿海大规模革命石刻标语群只有大南山一处。通过大字标语开展革命宣传，是红军的优良传统。陈毅在《关于朱毛军的历史及其状况的报告（一）》（1929年9月1日）中指出："红军现在有一个宣传兵制度……一组为文字宣传组，两个人每人提一个石灰桶，大小笔各一支，凡军队经过的地方，墙壁上要统统写满红军标语，写字要正楷，以愈大愈好，要用梯子写得高，使反动派不能随便涂抹……"

中共东江特委为了加强政治宣传和文化教育，使土地革命深入开展，特意组织石匠翁千以刀代笔，在大南山的巨石上鋻刻大批革命标语。这是潮普惠县委结合大南山实际，因地制宜采取的革命宣传手段，更是当时红军所留下的不可磨灭的物证。

一、翁千生平与革命事迹

翁千（1879—1933），一名登科，出生在现广东省汕头市潮南区成田镇后坪村的一户贫苦农家，全家有兄弟四人，他为长子。结婚后生育有九子一女（长子早逝）。因为父亲常受到大地主的欺凌和剥削，贫困的家境致使翁千只在私塾读了三个月的书，就开始跟随父亲翁娘枝下地种

▲ 翁千画像

▲ 翁千故居

田和学打石手艺。后坪村地处大南山边缘余脉，全村8000亩山地多为旱地，却蕴藏着丰富的花岗岩（油麻石）材料，出产石磨、石臼等油麻石产品，因此有了像翁娘枝这样手艺出色的石匠。在父亲的教导下，聪明能干的翁千夙兴夜寐地刻苦学习，不仅能打出深沟平底的碑字，像石狮一类的精巧石雕工艺品，也能打得栩栩如生。更难能可贵的是，只读了几个月书，翁千却能够自学文化，练习书法，这为他日后镌刻大南山革命标语打下了良好的文字功底。于是，青壮年时期的翁千，就成为大南山区有名的石匠。

旧中国的石匠，大都属于背着打石工具走四方的劳苦手艺人。在长期的艰苦生活中，翁千目睹了官僚封建势力对贫苦百姓的种种欺凌，渐渐地催生了追求民主平等的理念和反抗强暴的精神。在彭湃领导的海陆丰农民运动影响下，潮汕地区的农民运动逐渐兴起，各地纷纷成立农民协会。1926年，翁千所在的成田乡及附近的沙陇乡相继成立农会，这给翁千和家里人带来了希望与鼓舞。于是，他牵头联合全村的贫农，组织成立后

▲ 翁千使用过的煤油灯
大南山革命纪念馆藏

▲ 翁千使用过的铁锤、凿子
大南山革命纪念馆藏

坪农民协会，并把村里"三姓祠"作为农协会所，在祠堂前挂起了犁徽红旗，贴出"打倒贪官污吏""打倒土豪劣绅"等革命标语，树立了农民协会的权威。不单如此，翁千还在距离后坪村五六公里的"三蛤水"通往红场雷岭的山路旁的一个半山腰上，在一块大石头上刻下一个犁徽（长2.1尺、宽1.5尺），形似红旗上的犁徽，象征着红旗与石长存（现为市级保护文物）。

翁千在"三蛤水"刻犁之日，正是潮惠二县边区农民代表大会在后坪村召开之时，潮汕的农民运动正如火如荼地开展，而投身革命洪流的翁千，也从此开始了为大南山革命根据地镌刻标语的历程。

1927年，大革命失败后，国民党反动派残酷镇压各地农民运动，农民运动转入低潮。经历过轰轰烈烈农民运动洗礼的翁千，思想觉悟得到很大提高。现实的残酷，却使他更加坚定革命的信心，决心带领全家人当"赤派"。

1928年3月，海陆丰革命根据地处于革命低潮时，中共东江特委书记彭湃和红二师、红四师叶镛、徐向前等革命家率队，被迫战略转移到位于潮阳县南部红场（时称石船）、雷岭的大南山区，创建潮（阳）普（宁）惠（来）大南山革命根据地。

1930年夏，白色恐怖笼罩全国，国民党反动派大肆捕杀革命群众。由于翁千是后坪村农会带头人，他自然成为国民党反动派捕杀的目标，但他毫不畏惧，其时已经51岁的他带领一家三代（妻子，三、四、五、六、七、八、九子和女儿，儿媳、孙子各三，还有堂弟翁达三、堂侄翁锦）共18人，奔赴大南山革命根据地，一家人住在邻近红场的惠来县陇头坑村，继续参加革命。

1930年11月，中共潮普惠县委在大南山大溪坝村的石狮埔召开潮普惠县第一次工农兵代表大会，宣布成立潮普惠县苏维埃政府，夺取三县政权。县委把制作石刻革命标语的宣传任务交给翁千，他毅然接受。

不久，翁千在石狮埔的大石上刻下了"惠潮普工农兵第一次代表大会万岁！""反对第二次世界大战！""武装拥护苏联！""完成西南总暴动"（末二字未刻成）等几幅标语，鼓舞红军和群众的士气。同年，根据南方军委指示，潮普惠合为一县，大南山合为一个苏维埃特区，上级派翁千专职在主要公路两旁，以石作纸，刻写革命标语。因此，翁千的子女都笑称："爸爸高升石司令，刻苦耐劳心眼明，千山万石任调遣，点石成兵闹革命。"

从此，翁千成为革命的号兵，用他的铁锤当纸笔宣传革命。

1932年，国民党军队对大南山革命根据地进行疯狂"围

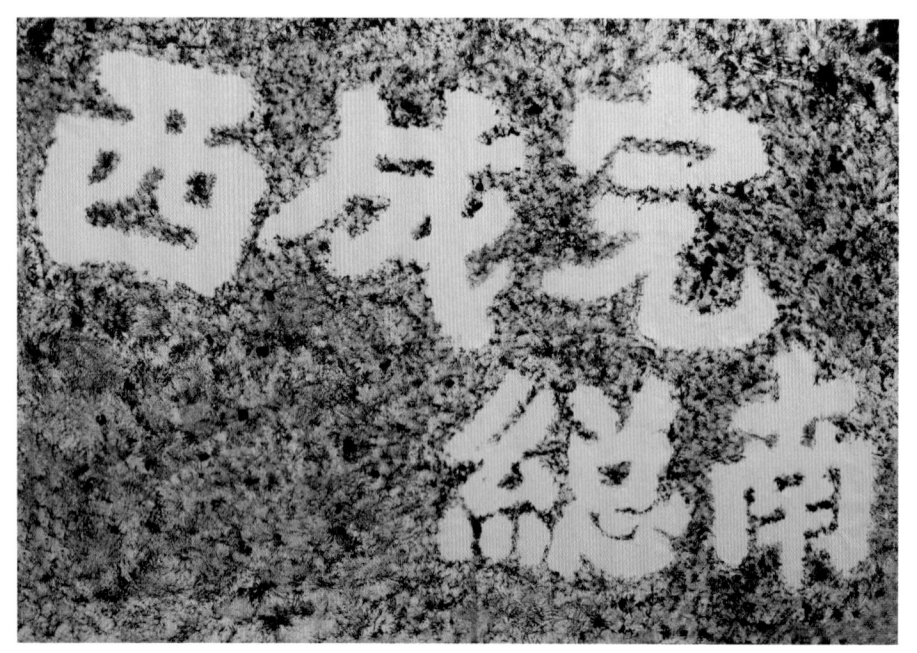

▲ 石刻在大溪坝村石狮埔山 北纬23°7'14" 东经116°17'44"

剿",大南山革命环境急剧恶化。但翁千坚持斗争,一方面继续在大南山镌刻革命标语,另一方面昼伏夜出,冒险送情报给红军部队。在镌刻革命标语的过程中,翁千奔走根据地各个地方,其中遭遇到不少危险。

当时大南山环境恶劣,山路崎岖,所到之处常常荒无人烟,翁千及助手们时常是风餐露宿,来回奔波,抢夺时机镌刻革命标语。国民党反动派恨之入骨,时常派出便衣暗探,伺机进行谋害。

有一次,翁千在芦鳗坑搭架镌刻革命标语,全文是"苏维埃欢迎白军士兵拖枪到红军来",标语分成两列,从上而下镌刻。当刻好上面6个字时,伪装成农民的敌人突然近身猛扑,翁千见状纵身跳入水中,敌人开枪猛打,水面泛起血花。次日,敌人到此收尸领取赏银,不料浮上水面的却是一条芦鳗。如今,那块大石上还留有"苏维埃(在右边)""兵拖枪(在

第二章 翁千事迹与艺术再现

▲ 石刻在大溪坝村石狮埔山 北纬23°7'14" 东经116°17'45"

左边）"的字样。

由于长年奔波劳累，翁千积劳成疾，加上一次镌刻标语时，为脱险而致头部受重伤，1933年7月18日，翁千在陇头坑的家中去世。临终时，他嘱咐妻子洪氏："你们不可离开本村，赤派一定会再来的！"由于思念丈夫，三个月后，洪氏也因伤心过度而去世。

1935年以后，大南山革命根据地虽逐渐丧失，但革命火种已经在群众心中点燃。此后，国民党反动派千方百计企图破坏这些石刻革命标语，人民群众则竭力进行保护。他们有的在石刻标语上涂泥土，有的在旁边种上藤蔓杂草将其掩盖，有的则全村群众一齐出动，挑土担石掩埋标语。

红场阅兵台前面刻有"巩固苏维埃政权"标语，起初群众用泥土把它盖住，不久因暴雨冲刷泥土，标语又暴露出

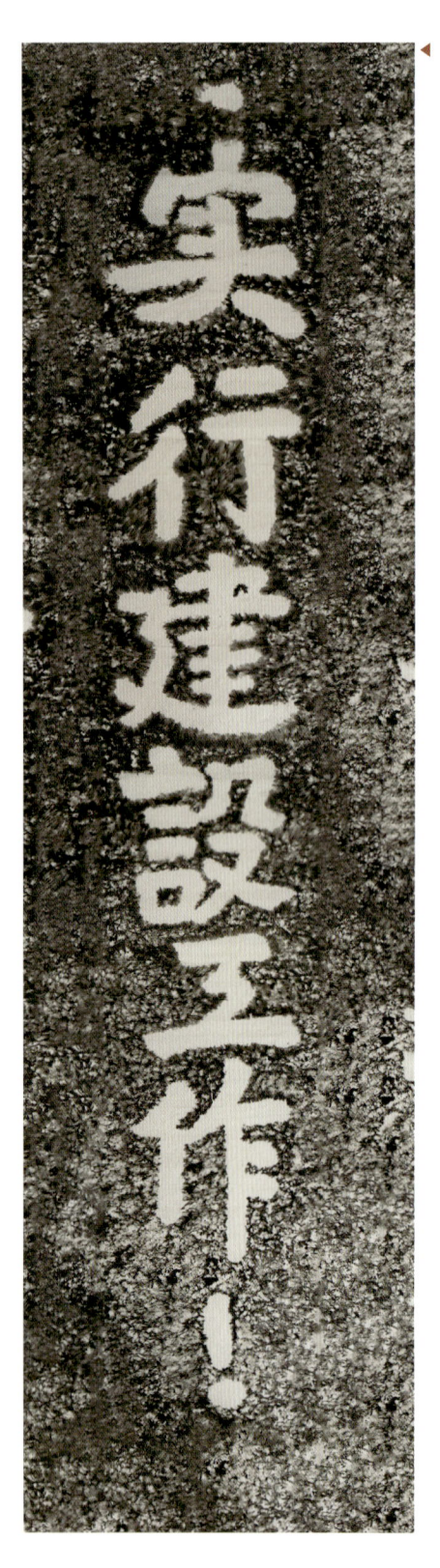

石刻在潘岱村犁尾田山
北纬23°9'9"
东经116°17'16"

实行建设工作！

来。1935年底，国民党林溪乡乡长企图劈石为砖，群众极力反对，纷纷行动起来保护石刻标语。不久，国民党反动派又派兵准备炸掉石刻，红场周围12个村的男女老少纷纷出动，乡长慑于人民群众的压力，只好把石刻革命标语保留下来。

现存的石刻革命标语群共36石，57条，467字（其中潮南区红场镇25石，37条，312字；普宁市汤坑径7石，10条，81字；惠来县盐岭径4石，10条，74字）。如红场阅兵台有"巩固苏维埃政权"标语，盐岭径有"列宁主义万岁"等标语。此外还有"拥护中国共产党！""武装拥护苏联！""男女平权婚姻自主""实行土地革命！""实行建设工作！""打倒帝国主义国民党！""工农兵团结起来！"等。这些石刻标语，配合了当时大南山革命根据地的反"围剿"战斗，同时大大增强了群众的革命意识，坚定了他们坚持革命斗争的意志。

二、翁千事迹与《南山魂》的艺术创作

陈望（1922—2006），广东省揭阳市揭西县棉湖镇人。20世纪30年代末开始木刻创作。中学时代在家乡参加抗日美术宣传工作，开始木刻创作。20世纪40年代初求学于广西省立艺师，并参加中华全国木刻界抗敌协会。1945年春往重庆，进行民主内容的版画创作活动。翌年往泰国，任曼谷商报美编。其版画创作反映了中泰人民的斗争生活。新中国成立前夕回潮汕，一直在潮汕地区文联担任领导职务，从事汕头地区美术领导工作。历任汕头地区文联专职副主席、汕头画院专职副院长、汕头画院名誉院长、潮汕版画会名誉会长、汕头市文联名誉主席等职务，系中国美协广东分会理事，中国版画家协会会员，广东省文联委员，广东省政协第四、五届委员。

陈望曾多次参加国内和国外展览，曾在泰国出版《陈望木刻选集》，在国内出版《陈望版画集》《陈望国画集》《陈望

▲ 画家陈望

版画新作》《陈望版画五十年》等。1956年陈望木刻作品《农民诵诗》获国家文化部纪念章；1991年获中国美协、中国版协颁发"中国新兴版画贡献奖"。1995年北京炎黄艺术馆收藏陈望版画作品9幅；《天安门珍藏书画集》（续集）收入陈望巨幅国画《相呼》；2004年广东美术馆收藏陈望版画105幅及原版一批。

　　创作《南山魂》连环画是陈望多年的心愿，他曾用线描画过这个故事，还未完成便碰上"文化大革命"，画稿遗失。改革开放后，陈望重新构思、加工、提炼，花了2年多的时间完成作品。当时，为了更好地表现翁千这位革命石匠的光辉形象，陈望几次到革命家彭湃带领农民闹革命的根据地深入生活，积累素材，并大量阅读地方党史和游击战争资料，对这位可敬的老石匠有较为全面、深刻的理解和认识，激发了炽热的创作热情，终于成功地将《南山魂》呈现在世人面前。后来，《南山魂》还被编入上海人民美术出版社出版的《中国现代黑白版画集》。

　　由于有着深厚的生活基础，《南山魂》读起来真实生动，陈望又把有一定思想深度的内容和通俗易懂的绘画形式结合起来，做到雅俗共赏。在书中，翁千的粗眉黑须，表现了他坚强、率直的劳动者性格；他脸上的皱纹和和上扬的嘴角，显示他纯真、爽朗的脾性和乐观主义精神；画面中大块出现的石头更是蕴含南山人与南山石结成一体，石刚强、人坚强的思想。整部作品蕴藉凝练，主题鲜明，很好地传达了画家的创作意图——"教育青年，让新一代能更好地了解新中国的诞生，是由千千万万烈士的鲜血换来的，是来之不易的"。

《南山魂》是陈望艺术创作的一个高峰。作品在版画艺术语言方面，充分发挥了黑白艺术以少胜多的表现力，画面单纯、强烈，操刀犹如用笔，纵横交错，一气呵成。陈望把黑白艺术表现力发挥到极致，使作品获得感人肺腑的魅力，这与画家的出众才华和深厚功底密切相关。

三、报告文学与歌册对翁千事迹的艺术再现

翁千所镌刻的石刻革命标语和他的献身精神、"石刻革命"精神，都是一笔宝贵的财富。除了陈望创作的《南山魂》，郭马风、马毅友等作家也用报告文学、歌册等艺术手法讴歌翁千。

郭马风，1928年生于现广东省揭阳市揭西县塔头镇濂溪村。在钱坑中学读书时，他受到进步思想的启蒙。1945年后，

郭马风到汕头海滨中学、聿怀中学就读高中。郭马风在聿怀中学读书时，学校有进步学生社和学生进步文化团体，郭马风也积极参与其中，并负责学校鲁迅文学研究社的工作，编辑刊物，传播进步报刊。1949年6月，郭马风入伍，成为《团结报》记者，到大北山开展革命工作。1958年，郭马风调汕头市文联工作，全身心地投入时间和精力，从事他喜欢的文化资料搜集、研究、传播工作。1985年后，郭马风调到汕头市地方志办公室和汕头潮汕历史文化研究中心工作，任汕头市志副主编和研究中心理事、特约研究员。郭马风曾主编《潮汕民俗文化丛书》10册，出版有《潮汕文化丛谈》《潮汕歌谣选》（与人合编）等，参与《广东省志·风俗志》《潮汕民俗大观》的编辑工作。郭马风曾任广东省民间文艺家协会常务理事，广东省民俗文学学会副会长，汕头市民间文艺家协会副主席、名誉主席，汕头市茶文化研究会会长等职务，系广东省作家协会会员、中国民间文艺家协会会员、中国民俗学会会员，政协汕头市委员会第四、五、六、七届委员、常委。

1962年，郭马风开始对翁千的革命事迹进行采访，并撰写了报告文学《铁笔千秋颂》。

报告文学是散文的一种，介于新闻报道和小说之间，也就是兼有新闻和文学特点的散文，要求真实，运用文学语言和多种艺术手法，通过生动的情节和典型的细节，迅速地、及时地

"报告"现实生活中具有典型意义的真人真事,往往像新闻通讯一样,善于以最快的速度,把生活中刚发生的事件及时地传达给读者大众。题材既是发生的某一件事,所以"报告"有浓厚的新闻性;但它跟报章新闻不同,因为它必须充分地形象化。必须将"事件"发生的环境和人物活生生地描写出来,读者便如同亲身经验,而且从这具体的生活图画中明白了作者所要表达的思想。报告文学简单地说,就是运用文学艺术形式真实、及时地反映社会生活事件和人物活动的一种文学体裁,具有"文学轻骑兵"的作用,其特征是写真纪实。报告文学兼有文学性、新闻性和政论性三种特点。

郭马风具有良好的文学素养,又从事新闻工作多年,在积累素材中得知翁千的事迹,并进行创作。在《铁笔千秋颂》中,郭马风认为报告文学要写人物,但不是"塑造"人物,因为他笔下的翁千是真实存在的,是生活中的一个实体。写小说的典型化方法不适用于报告文学写作,报告文学中的人物是生活中实有的,不因作者运用典型化手法而变得高一点或矮一点、胖一点或瘦一点。报告文学写人好似治玉,报告文学作者就是玉石匠人,他是以真实的材料雕琢出光辉照人的艺术品。正是在这种思想的指导下,《铁笔千秋颂》成为20世纪60年代的经典报告文学作品,至今读来,仍觉真实生动,教育意义极大。

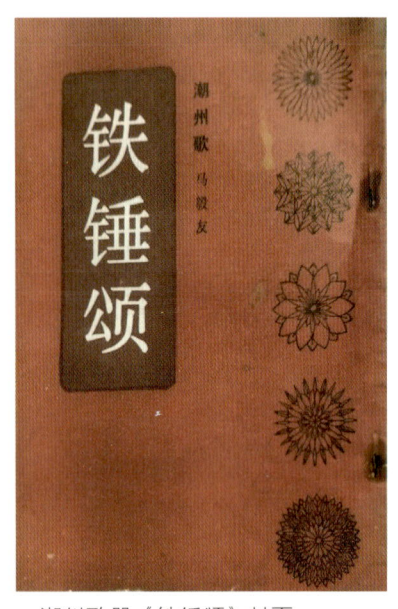

▲ 潮州歌册《铁锤颂》封面

除了陈望、郭马风对翁千事迹进行艺术化宣传外，当年曾战斗在大南山的马毅友也以潮州歌册《铁锤颂》赞颂翁千："血刻石标震南山，忠烈满门数翁千，赤派到底全家愿，留得丹心在人间。"

潮州歌册是潮汕民间说唱文学中最流行的一种，它从弹词演变而来。弹词是我国南方说唱文学的主要方式，它和北方的大鼓为我国两大说唱文学形式。除江浙一带的方音弹词外，广州的木鱼书、福建的"评话"都属方音弹词。

马毅友，又名马义有、马清、马崇民、马戴光等。祖籍广东省汕头市潮阳区和平镇里美村，1913年生于越南，1918年回家乡读小学、中学。1928年春到厦门集美农林学校读书。1929年春在家乡加入中国共产主义青年团。先后担任共青团潮阳县、普宁县委书记和潮普惠县委组织部长。1931年冬调任中共陆惠县委临时书记。1937年七七事变后任汕头青抗会常委兼演剧队队长，同年冬，回和平里美乡办民校，在马士纯领导下，继续开展抗日救亡宣传活动，使里美乡成为潮阳县抗日活动中心。1938年春由马士纯介绍加入中国共产党，5月任中共潮阳县中心区委军事统战委员，7月任中共潮阳县工委军事统战部长。1939年春帮助马士纯在家乡兴办南侨中学第三分校，任总务主任。次年受中共潮普惠揭中心县委委派，到南阳山建立了秘密武装小组并开展活动。1941年春，先后到揭阳县梅东中心小学、阔口园中心小学任教，在这期间，撰写了一些宣传革命的潮音剧曲和歌册。1947年春偕家眷往香港找到中共组织，10月由组织介绍回潮汕大北山游击区工作，12月调任大南山东区任武工队队长。翌年11月任中国人民解放军闽粤赣边区纵队潮汕支队潮普惠南指挥部第五团团长。1949年春任中国人民解放军闽粤赣边区纵队第二支队策反委员会主任，7月调任第三支队副司令员，直接参加解放潮汕的战斗，11月任潮汕军分区第五团政委，参与平息陈汉英、吴大柴叛乱的斗争。1950年秋末调任中共揭阳县磐岭区委书记兼土改队队长，12月任潮汕公安处管训总队队长，参加"镇反"工作。1951年秋任潮汕专署合作科科长、粤东合作总社副主任等职。1954年冬以后任国营葵潭农场、海丰公平农场副场长。1960年冬调任汕头地区戏剧研究室副主任。1976年9月离休。

大南山革命石刻

DANAN SHAN GEMING SHIKE

第二章

大南山革命石刻艺术赏析

大南山的革命斗争，不仅留下了大量可歌可泣的人物故事，也留下了见证斗争的几十处革命石刻。这批革命石刻纵横几十公里，成为沿海地区独一无二的红色景观。

从文献角度看，大南山革命石刻属于摩崖石刻中的红色专题，是20世纪中国革命文化与传统艺术形式的结合，本章将从艺术的角度对大南山革命石刻进行分析。

一、与古代书风的关联

1.古代"无名氏书风"

"无名氏书风"是中国书法史上一个有机组成部分，曾经得到古代文人士大夫等精英阶层的借鉴，在这当中，唐代颜真卿对于"无名氏书风"的借鉴具有清晰的脉络和明确的艺术呈现。尤其值得一提的是，现当代一些有志于书法创新的专业书法家，在"艺术书法"理念的主导下，将书法的"实用性"主体地位让位于"艺术性"，为了追求与细巧、甜媚、油俗相反的艺术效果，这些书法家另辟蹊径，从古代各种"无名氏书法"中汲取养分，开创性地创造出一大类"以拙为巧""以拙为美"的书风，此一大类书风在某种程度上突破了很多年来对"经典法书"的审美习惯，大大拓展了书法艺术的审美表现力。可以说，这是自清代、民国碑学中兴以后，书法发展史上的一次有意义的变革。

"无名氏书风"有别于文人士大夫精英阶层的书写，相较于书法史上的"名家法书"，它们的艺术形式往往显得更加稚拙、浑朴，展现出一种不加雕饰（或雕饰未足）、略有纰漏的原生态状态。西方艺术史论中曾有"原生艺术"之说，这些"原生艺术"有别于很多经过不断"驯化""雅化"的艺术，大都来自一些社会地位不高的低阶层人士之手。如类比之，则中国的"无名氏书法"也当为"原生艺术"之一大类。

　　观摩大南山革命石刻，它们在整体气息上与中国古代的"无名氏书风"有着很多契合处——稚拙、浑朴、短粗、滚圆，这些视觉形式、艺术气息上的特点，不仅在其书写艺术上有所呈现，在古代民间美术作品中也可找到很多对应。大南山革命石刻的书写者和凿刻者是否有在艺术手法、表现力上自觉地借鉴了中国古代"无名氏书风"，时至今日已难以断定，但至少有一点可以比较肯定的是，这些石刻的凿刻者在所处时代、社会中的匠人角色，是与古代很多"无名氏写手"的匠人角色类近的。以上所述，即是大南山革命石刻在视觉形式、艺术气息和作者出身背景上与古代"无名氏书风"的关联。以下为相关参考图例：

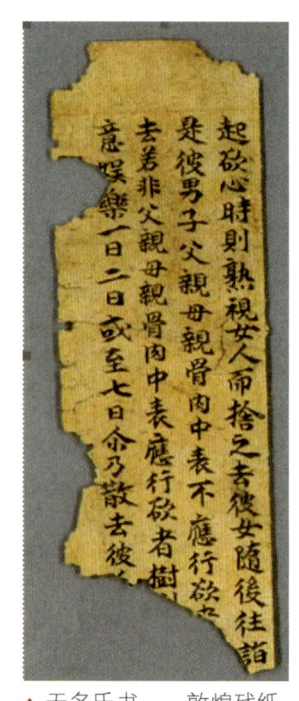

▲ 无名氏书——敦煌写经　　▲ 无名氏书——敦煌残纸

2.现代徐生翁

徐生翁（1875—1964），姓李，名徐，号生翁，中年以李生翁署名，晚年用徐生翁，浙江绍兴人，现代著名书画家。徐生翁是近现代以来一位异军突起、堪称戛戛独造的艺术家。他的艺术成就在生前似乎没有如他身后那般得到更广泛的重视，其名望在生前也不如身后卓著。这一方面源自其一生不出闾里的交游和际遇，更源自他那十分拙憨执拗、不易被世俗理解的艺术。

徐氏书作中那种永远不向流俗谄媚的气度、稚拙的结体、执拗而又浑朴凝涩的用笔、森严如列队行军的谋篇布局，都在向世人昭示着一个独持己见、一意孤行的独一无二的存在。在稚拙、浑朴、憨厚、执拗等气质方面，徐氏书作与中国古代书风有着千丝万缕的联系。不同的是，徐氏本为传统文人，虽为布衣，但在艺术创造上相较于古代的民间匠人来说应有更多的

第三章 大南山革命石刻艺术赏析

▲ 徐生翁书局部　　▲ 徐生翁书局部

自觉，所以，徐氏书法在"民间书风"上的勾连与呈现，当与一般的民间匠人有别。换句话说，徐氏是一位在对艺术创造的历史有过清晰的判断和认知的基础上，以"降维"的方式重新挖掘、改造了民间艺术资源的精英文人艺术家。

　　值得一提的是，观赏者在第一次看到大南山革命石刻的图像资料时，很容易就感觉到这些石刻在稚拙、浑朴、憨厚、执拗等方面与徐生翁书作有耦合之处。与前述大南山石刻与古代"无名氏书风"的关联略有不同，如能以一个类似于徐生翁重新挖掘、改造书风的视角去看待大南山石刻，则又将为从艺术角度对大南山石刻进行读解拓展出新的"可能"。

▶ 徐生翁书

▶ 徐生翁书

▲ 四山摩崖石刻

二、与四山摩崖石刻的比较

四山摩崖石刻是中国摩崖石刻的代表。四山摩崖指山东省邹城市葛山摩崖石刻、尖山摩崖石刻、铁山摩崖石刻、岗山摩崖石刻，为全国重点文物保护单位，在中国书法史上占有重要位置。

第三章　大南山革命石刻艺术赏析

▲ 四山摩崖石刻

邹城的北朝刻经闻名已久。四山中的葛山摩崖石刻位于邹城东北15公里葛山西麓一花岗岩石坪上。刻面东西纵20.6米，南北横8.4米，共173平方米。峄山石刻位于邹城东南10公里处峄山上，现存300余处，其中，摩崖石刻有两处，分别位于五华峰和妖精洞。五华峰刻经位于"光风霁月"石上，向阳刻面纵2.13米，横3.65米，竖刻经文11行，每行10字，现存79字。妖精洞石刻位于山阳妖精洞西侧乌龙石上，刻面竖高约4米，宽约2.65米，面积约为10.6平方米，有经文7行，每行14字，字径约20—30厘米。

葛山、峄山摩崖石刻属于北齐时期，虽历经1400多年的风雨剥蚀，至今字迹仍很清晰。摩崖石刻以天地为背景，借山峦为材料，展现于大自然的空间，与自然景物融为一体，是人文书法和自然环境、艺术美和自然美的统一。一块块静静伫立的巨大圆石，仿佛一部神秘的、散落于山野的石头佛经。镌刻的文字以它特有的气势，与幽静茂林、浑穆自然的环境相吻合，加以潇洒自然的字体和字势，给人一种自然、超俗的山林气、苍茫感。其书法艺术风格奇谲瑰丽，富有变化，以变隶为主，篆、楷、行各种书体兼而有之，规模宏硕，意境高古，有"大字鼻祖，榜书之宗"之称。摩崖石刻融自然景观和书法艺术为一体，人们置身于山林峭壁、蓝天白云、苍松翠柏、潺潺流水、阵阵清风间观赏摩崖石刻，既可以领略大自然的迷人景色，又可以了解传统文化的智慧所在，还可以沉醉于书法艺术的境界之中，令人感受到无穷的艺术魅力。

　　作为北朝大字榜书的代表作、刻石艺术的瑰宝，四山摩崖石刻宽仁大度，不拘细节，面对苍天挥毫，若入无人之境，目空一切，故不计工拙与后人评藻。清代魏源赞其"字大如斗，雄逸高大"；康有为则认为四山摩经的书法"承上启下，开一代新风"。

　　与四山摩崖石刻相比，大南山革命石刻用笔以圆为主，飘中有沉，畅中有涩，线条粗细匀适，含蓄而又不乏动感；筋骨内含，字体浑穆简练而富有张力。其真切体现出民国书风多样化的时代风貌，自然，和谐，浑然天成，具有撼人心魄的艺术美。大南山革命石刻经历了数十年的风雨洗礼，已和大山整个环境浑然一体，也与瞻仰者的心灵浑然一体，创造出一个有生命的自然整体。革命石刻使书法艺术冲出殿堂，走向大自然，推动了摩崖书艺术的发展和精进。

大南山革命石刻由于字大，镌刻水平高，翁千等刻工未以刀工掩笔法，摩崖书艺术巧妙结合书法和刀法。翁千这位优秀的石刻能手，不仅再现了书法的风貌，而且创造性地改变和升华了书法艺术本身，使它的点画、结体、风貌发生新变化。圆笔可以刻凿成方笔，圆转可以刻凿成方折，连笔可以刻凿为断笔，轻笔可以刻凿为重笔，经过刀法的加工修饰，摩崖书艺术的效果欣赏起来别有一番风趣，可称为"金石味"。

三、与中国古代"朴拙"美学的关联

1.秦汉陶俑的朴拙之美

中国古代陶俑艺术，作为古代雕塑艺术、民间艺术的优秀代表，具有重要的艺术价值、文物价值和历史价值。陶俑一开始是作为"人殉制度"下的"人殉"替代物出现的，是远古时期一种常见的贵族墓葬陪葬品。早在原始社会时期，人们就开始将泥捏的人体、动物等放入炉中与陶器一起烧制，即是最早期的陶俑。

中国古代的经典陶俑，除了像秦始皇陵兵马俑那样更加注重写实、强调人物（动物）真实形象和比例关系的皇家陶俑之外，还有不少不过分强调写实、形似，而是更加追求写意、神

▲ 汉代陶俑

似的作品，其中以秦汉时期的各种说唱俑、舞伎俑为代表。这些陶俑，与传统社会中后期的很多人物、动物图式和形象，尤其是明清官窑瓷器上人物、动物、纹样那种追求精巧华美的风格有明显的区别，呈现出一种浑朴、憨拙的朴拙之美。它们没有纤巧流美、凌厉修长的外表，取而代之的是一种圆鼓鼓、胖乎乎、短粗矮胖的形象，用现代的流行词句评论，可谓是"萌萌哒"，显得既滑稽又可爱。

这些陶俑作品，展现出一种"朴拙之美"的艺术风格：一方面，它是由古代艺术产生发展初期的某种"草创"性质决定的；另一方面，从美学、审美角度来说，它又是十分符合经典的老庄哲学关于"朴"之美学的精神内涵的。

可以较明显看出，大南山革命石刻作品的整体风格，和中国古代以"朴拙"为主要风格特色的陶俑接近，都具有短粗矮胖、鲁钝滚圆的憨拙之态，是一种体现"朴拙之美"的视觉形式。

2.汉代石雕的朴拙之美

与古代陶俑的"朴拙"之趣异曲同工的，还有汉代的大型石雕作品，其中尤以霍去病墓的动物石雕为杰出代表。与陶俑作品类近，这些石雕作品所表现的动物，不按照现实中的解剖学的比例关系处理结构造型，而是以一种比现实中的动物更加饱满厚重的形态呈现出来——它们没有十分凌厉而见锋芒棱角的轮廓造型，大都不作放射性的伸张拓展，更多的是围合成一团，显得十分短粗滚圆。同时，远比陶俑大的体量，更使这些石雕作品表现出古拙浑穆、开张弥漫、雄深博大的气象。

值得一提的是，汉代石雕作品以其较宏大的体量，常与户外的大环境空间形成很强的连接互动关系。这些雄浑饱满的阳刚之物，像是那个时代的"大地艺术"，以一种荡气回肠、壮怀激烈的恢宏气度，震撼着古今中外的游人观众。

大南山革命石刻参差错落排布于大南山绵延雄丽的山脉中，除了在短粗滚圆的"朴拙"之态上与汉代石雕有着内在精神的契合之外，其风餐露宿、顶立天地间的气象，似乎又在某种程度上呼应了恢宏磅礴之气，更凸显了革命英雄主义的主题。

▲ 汉代大型石雕

四、点画、结体、布局的局部艺术形式分析

1. 短粗、浑圆的点画

综合考察大南山革命石刻，可见其点画大都呈现出短粗、浑圆的特色。点画的长短多由对比中来，长短对比越大，则更能体现长线之长、短线之短。大南山革命石刻在点画的长短对比上不太大，很多可以写得更修长的笔画，作者都不作"伸长"处理，这种处理方法，无论是出于艺术表现上的自觉，抑或"无心插柳"，都能对作品气象呈现出生拙、浑芒、饱满起到关键的作用。事实上，唐颜真卿的很多经典作品中，笔画的

长短对比相较于很多"秀美""妍丽"的楷书作品来说都显得更小,这样就更容易使点画显得更短更粗,如此,加上浑厚圆满的线形线质,作品便更能呈现出憨拙、朴厚的艺术气质。这些点画上的特点,在大南山革命石刻中依稀可见,这也是其暗合颜真卿书风的一个方面。举图为例:

如下图所示,"来"字的点画的长短对比不大,撇、捺都显得很短粗。"到"字的最后一笔"竖钩","动"字"撇"下的一"横"等这些笔画,本可作拉长处理,但作者如此"短粗"

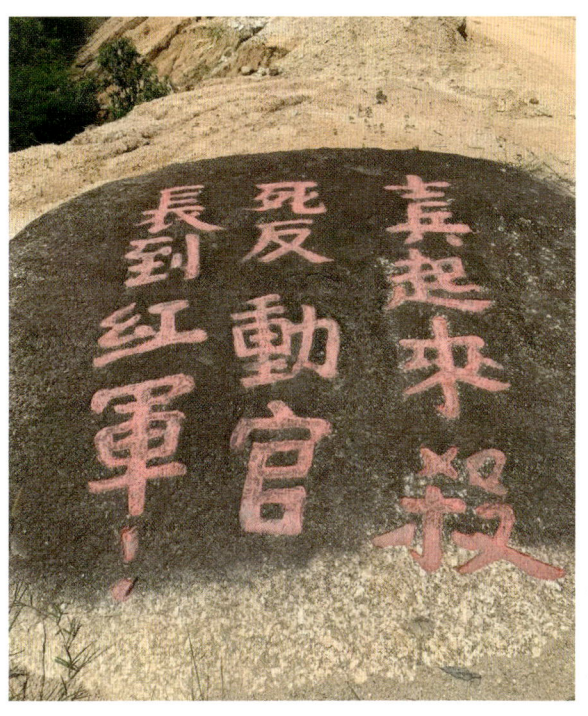

◀ 大南山革命石刻原石

◀ 大南山革命石刻原石

◀ 大南山革命石刻原石

处理，有如盆景中的"矮霸"，又如文学作品中的"矮脚虎"这一艺术形象，在艺术上兼具了稚拙萌憨和短小精悍之美。

上图的"总"和"维""埃""红"等字，左右横向宽度接近等分，使这些字点画的长短对比关系受到削弱，而此时点画的"短粗"感则越发明显。

2.封闭、撑满的结体

综合考察大南山革命石刻，可以说很多字的结体、造型都呈现出一种封闭、撑满的形态。结体的封闭性体现在一些包

◀ 局部 "军"

　　围、半包围结构的字或偏旁部首上，由于包围、半包围结构本身就自带封闭、闭合的倾向，在很多其他风格的作品中都体现出封闭性的特点，而大南山革命石刻的结体的封闭性更体现在那些包围结构中横竖笔画的连接多数没有断开，即横竖线相交形成封闭空间。如上图中的两个"军"，其中部的"田"，横竖线相交连接，尤其是横线与左右两边竖向线的连接基本没有任何断开的空白，形成一种完全闭合、向上下左右撑满的形态。

　　这种通过不断开的横竖连接方式形成的封闭性的"田"字形态，有别于唐宋以后的很多楷书，但在传统的篆、隶书古法中很常见。

　　除了"田"等形态，大南山革命石刻结体的封闭感还体现在很多本来可以"断开"而实际却紧密闭合的笔画关系上。如"完""西""南""总"，以及"和"的"口"字旁等字左上部的横竖笔画交会之处，本可以断开，但作者皆作了紧密闭合连接的处理。

　　大南山革命石刻结体上的封闭、撑满，还体现在无论原本属于何种结构的字，都进行了趋向于四方的外基本形处理。为了使形体更趋向于四方形而非有更多形态变化的多边形，作者

楷书『军』中的『田』多有断开、留白

篆书『军』中的『田』多封闭、上下左右撑满

隶书『军』中的『田』多封闭、上下左右撑满

将有的偏旁部首、点画增长或缩短，甚至不惜增加点画，以满足形体更接近一个撑满了的四方形的需求。如"普"，下部的"日"字横向较宽，向左右撑满以使整体趋近四方。"第"字左边的竖向笔画为了撑满方形空间，拉长、伸出头直至并连、封闭上部分的笔画。

第三章　大南山革命石刻艺术赏析

"代表大会万岁""护苏联"等处，上下字之间为了趋于方正形对齐，在可以向左右两边伸展，尤其是撇捺的伸展等处皆作了短缩处理（"表""大""护""苏"等的捺画），有些地方则作了变大处理（"护"左下部分、"联"的左部分"耳"）。"对"字以简化式俗体呈现，大概是为了把左上角撑大撑满，为了使其更趋向于四方形，作者甚至多加了一点（这个情况在另一块石壁上的"对"字也出现了）。

　　值得一提的是，前述徐生翁的书法作品也大量出现封闭、撑满的结字造型。

　　总之，封闭、撑满的结体与短粗、浑圆的点画是相辅相成的两个有机组成部分，共同构成了大南山革命石刻在视觉形式上的典型特点。

▲大南山革命石刻原石局部

▲ 大南山革命石刻原石

3. 大处着墨、依势赋形的布局

大南山革命石刻的章法布局,大都不按横平竖直、纵有行横有列的界格形式安排,而是有的有行无列、有的无行亦无列的自由排布方式。纵向每一列上下字对齐,字距较小,对比之下,左右横向的空间的间距显得很大,更加衬托出纵向的紧逼压缩之感,如此,颇似临战状态之下紧锣密鼓列队行进的士兵,在某种角度上与石刻的革命性、斗争性主题相当契合。

大南山革命石刻的很多布局形式,虽未有明显的上下字之间行草书式的连属,但各字组行列之间那种不作平行、对齐式排列，而是因势赋形、随形生发，似乎在有意无意间形成了一种坦荡磊落、落落大方、活跃生动的格局气象，这与早期革命者那种从山野出发、从群众中来到群众中去的历史背景，以及一往无前、视死如归的革命英雄主义气质是相吻合的。

总而言之，大南山革命石刻从革命历史、书法艺术、社会文化种种方面，都值得我们努力深入地去研究、揭示、了解、探究、体味。

大南山革命石刻
DANANSHAN GEMING SHIKE

第四章

大南山革命石刻与川陕革命根据地红军石刻比较

第二次国内革命战争时期，中国共产党逐步将工作重点由城市转入农村，在农村建立根据地，建立革命武装和工农政权。为了加强政治宣传和文化教育，使土地革命深入开展，根据地革命者依靠有限的资源和条件，最大限度地进行标语、口号宣传。石刻标语这一传统形式分别出现在了南方的大南山革命根据地和西部的川陕革命根据地，一南一北，交相辉映。这两处的石刻群在背景、规模、内容、形制、书风和影响等各方面都可以进行比照与归纳，这是一个新的研究领域，对党史的研究有一定价值和意义。

一、创作背景比较

　　从1930年开始，中共东江特委为了加强政治宣传和文化教育，使土地革命深入开展，组织錾刻了大批革命标语，这是当时红军所留下的不可磨灭的物证。川陕革命根据地是中国共产党在第二次国内革命战争时期创建的革命根据地之一，它位于四川、陕西交界地区。1932年12月，中国工农红军第四方面军主力自鄂豫皖根据地战略转移到陕南，渡汉水、翻越天险大巴山进入川北，在川陕边党组织和川东游击队配合下，创建了以通江、南江、巴中为中心的川陕革命根据地。英勇的红四方面军在创建、巩固和发展川陕革命根据地过程中，在苏区内进行了广泛深入和多种形式的政治宣传工作。其中，镌刻石质革命

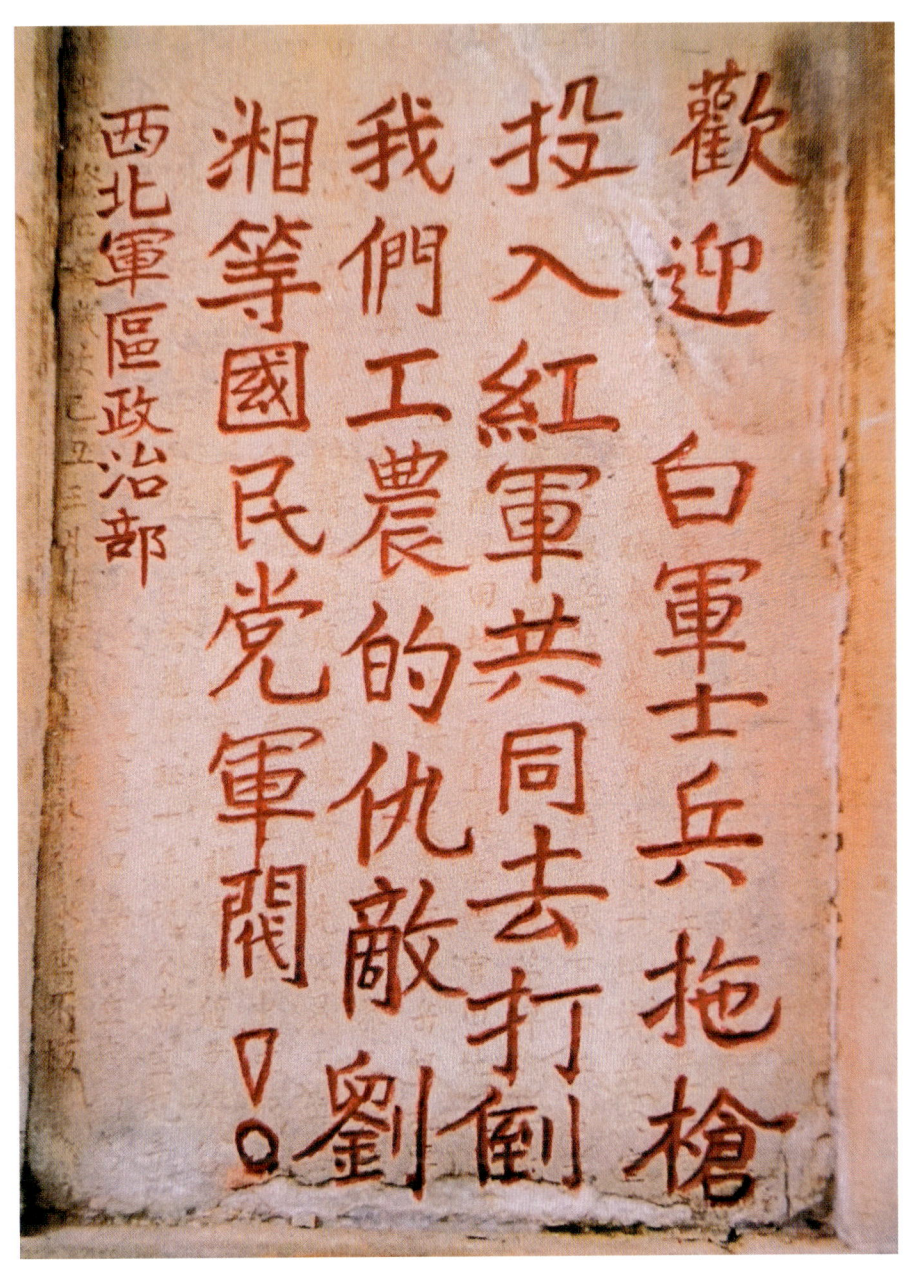

▲ 川陕革命根据地博物馆馆藏红军标语

标语和文献，是重要宣传形式。大巴山区的红军石刻、标语、对联等文献材料，数量庞大，内容丰富，形式多样，规模宏伟，享有极高的知名度，是中国革命史上的一朵奇葩。

大南山革命石刻

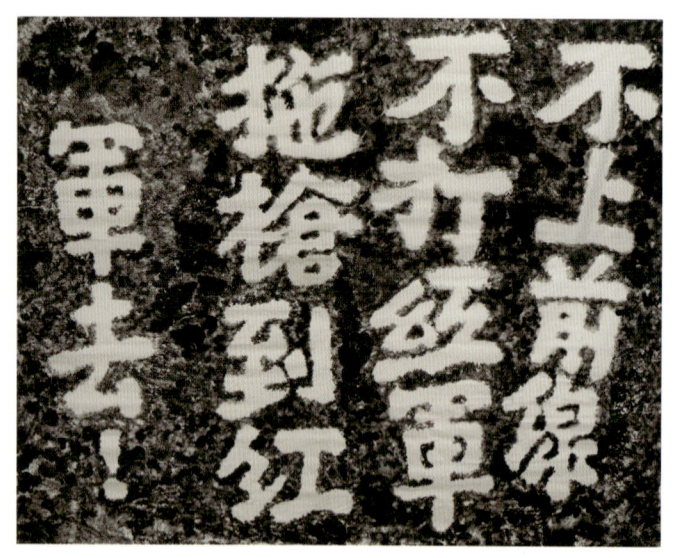

不上前线不打红军拖槍到红军去！

▸ 石刻在大坡村通往叠石村路旁
北纬23° 7'54"　东经116° 16'52"

士兵起来杀死反动官长到红军

▸ 石刻在往红军医院100米处右边
北纬23° 7'14"　东经116° 18'7"

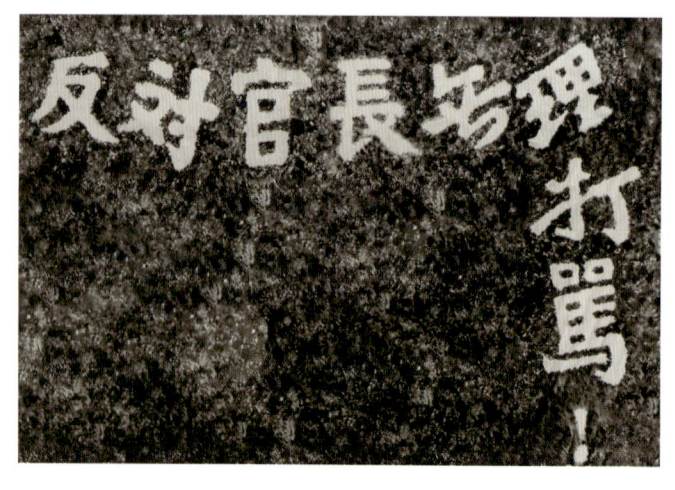

反对官长无理打骂！

▸ 石刻在往红军医院100米处右边
北纬23° 7'14"　东经116° 18'6"

二、创作规模比较

1.大南山革命石刻的创作规模

大南山革命石刻总数36石，57条，467个字。其中潮南红场25石，37条，312个字；普宁汤坑径7石，10条，81个字；惠来盐岭径4石，10条，74个字。大南山革命石刻是我国沿海地区规模最大的革命石刻群，也是刊刻时间最早的革命石刻群。

2.川陕革命根据地石刻的创作规模

川陕省委、省苏维埃政府和红四方面军充分利用自然优势，组织了刻石队（通称錾字队）专门制作石刻文献、标语，他们常年工作于深山邃谷之中，因地制宜，在渡口、要隘之旧石碑、悬崖石壁、石牌坊、石匾，甚至在房基石、磨盘、石缸上刻写革命文献和标语。川陕苏区不少领导人，如傅钟、朱光、刘瑞龙、廖承志和魏传统等都起草过文献和宣传材料，也书写过一些标语口号，它们被镌刻在石头上，至今留存在巴山秦岭间。据不完全统计，20世纪30年代有近7000件石刻，分布于川北、陕南26个县辖地区，面积达5万多平方公里。由于岁月的流逝和人为损毁，20世纪50年代初期减少至4000件左右，20世纪80年代末期仅存2233件。这些红军石刻，目前已受到各级党委、政府的高度重视和有效保护，虽然数量有所减少，但仍是川北、陕南地区一道靓丽的风景线。

▲ 通江县红军标语

三、创作内容比较

1.大南山革命石刻的创作内容

大南山革命石刻是最早期的革命标语石刻群，产生于1930年间，较川陕革命根据地红军石刻早3年。其内容主要有：反映军民拥护马列主义、拥护中国共产党；拥护红军，拥护苏维埃政府、反帝抗日，打倒国民党军阀；工农专政、实行土地革命；开展建设；工会、青年、妇女的文教工作，宣传武装暴动、内部肃清。其中，由于产生时间早，宣传武装暴动和内部肃清两方面内容的石刻是比较有特色的。比如惠来的"肃清机会主义取消派！""准备争取全广东政权！""实行全国总暴动！"，潮南的"清除苏区内奸""武装暴动胜利万岁！""完成西南总暴动"等。其他方面标语的内容，不另具体罗列。

2.川陕革命根据地红军石刻的创作内容

川陕革命根据地红军石刻内容十分丰富，有反映党和政府政治主张与法律的《中国共产党十大政纲》《中华苏维埃共和国宪法大纲》；有全面宣传土地革命政策和法规的《川陕省苏维埃政府布告》与《劳动法令》；有反映苏区军民拥护马列主义、拥护中国共产党的，如南江的"全世界无产阶级联合起来"，通江的"列宁万岁"，巴中、通江的"拥护中国共产党"；有拥护中国工农红军、拥护苏维埃政府、反帝抗日、打倒国民党军阀的，如平昌的"红军胜利万岁"，广元的"消灭刘湘，与中央红军共同北上抗日"，通江的"争取苏维埃中国"，巴中的"托起枪来打帝国主义"；有动员工农专政、实行土地革命的，如通江的"实行土地革命"，巴中的"工农专政""平均分配土地"，南江的"任玮璋是二十军的旅长，现在在红军中当师长"，巴中的"欢迎白军士兵拖枪投入红军，共同去打倒我们工农的仇敌刘湘等国民党军阀"；有发展苏区经济的，如平昌的"全苏区男女老少把连起来加紧春耕""点遍洋芋、苦荞、蔬菜，不让苏区寸土放荒"，通江的"实行生产竞赛，不让苏区有一寸土地放荒"，巴中的"加紧戒烟运动"；还有宣传工会、青年、妇女的文教工作的，如巴中的"工人实行八小时工作制，增加工资，实行实业救济，社会保险""妇女在政治上、经济上、教育上与男子一律平等"，南

070

大南山革命石刻

▲ 石刻在潘岱村堪石山 北纬23°9'10" 东经116°14'26"

第四章 大南山革命石刻与川陕革命根据地红军石刻比较

▲ 石刻在潘岱村庵场山 北纬23°8'9" 东经116°16'27"

▲ 石刻在潘岱村庵场山 北纬23°9'10" 东经116°14'27"

江的"穷苦青年兄弟们,大家拿起刀矛土枪,肃清赤区内一切反动来配合红军的力量消灭刘湘""普及农村教育,发展无产阶级的文化水平"。

四、形制和书风的比较

1.大南山革命石刻的书风

大南山革命石刻的主要形制是石刻标语,有横刻、竖刻、横竖混刻三种形式。根据石头形状、大小和质地安排横竖形式,当行、列空间不够时就用小字混刻。

第四章 大南山革命石刻与川陕革命根据地红军石刻比较

大南山革命石刻文字的书写全部采用楷书，以颜体为主要风格，兼有清人笔意。书写性较强，文字透出书者的骨气、情怀与学养。

2.川陕革命根据地红军石刻的书风

川陕革命根据地红军石刻的形制主要有石刻文献、石刻标语和石刻对联三种。石刻文献是红军石刻的佼佼者，它主要反映中国共产党和省苏维埃政府在土地革命战争时期的政治纲领和有关政策，是红军宣传革命的重要手段，因而留存较多。

如川陕革命根据地博物馆收藏的红军石刻文献《劳动法令（草案）》，高253厘米，宽432厘米，全文约6000字，刻在4块石板上。《劳动法令》规定了苏区的劳动政策，旨在保障劳动者的权益，促进苏区经济的发展。

石刻对联是红军石刻中的一种奇特形式，其语言形象生动，令人回味无穷。"斧头劈开新世界，镰刀割断旧乾坤"就是当时著名的妙联，脍炙人口；"一刀一枪工农红军定太平，百战百胜穷苦青年乐共产"同样很精彩，在民间广为流传。石刻对联大多刻在宅院的石柱上或街口要道的牌坊上，同一内容的对联，在苏区内多处镌刻，如"斧头劈开新世界，镰刀割断旧乾坤"在巴中、通江、南江、达州等地都能见到，其中以刻在达州梓桐的最为生动。在宣达战役中，红

◀ 川陕省苏维埃政府布告

三十军在李先念同志率领下，解放了达州梓桐，一地主闻风而逃，红三十军政治部便设在该地主的宅院内，并在石门楼的石柱上刻下了这副对联。

川陕革命根据地红军石刻字迹多接近于现代字体，体格规整。如《川陕省苏维埃政府布告》，石刻刚劲有力，立体感很强，不仅是政治性极强的革命文献，且属书法精品。也有少数石刻学魏碑体，书风明显受《爨宝子碑》等碑帖影响。

五、影响上的比较

1.大南山革命石刻的影响

大南山区的广大革命群众把革命石刻标语当作指路明灯。

第四章　大南山革命石刻与川陕革命根据地红军石刻比较

▲ 长赤县苏维埃政府对联

1935年以后，大南山的武装斗争虽然中断了，但是广大人民群众冒着生命危险，将石刻标语用沙土掩盖等形式，巧妙保护起来，保存至今。大南山革命石刻的刊刻事迹，列入了《东江革命根据地潮普惠大南山苏区史料汇编·大事记》。石匠翁千以及相关人员的故事代代流传，以报告文学、歌册等多种形式流传至今。可见，大南山革命石刻的斗争精神已经铸入人民群众的心中，革命红旗不倒。

红军士兵兄弟有 没到八分配土地

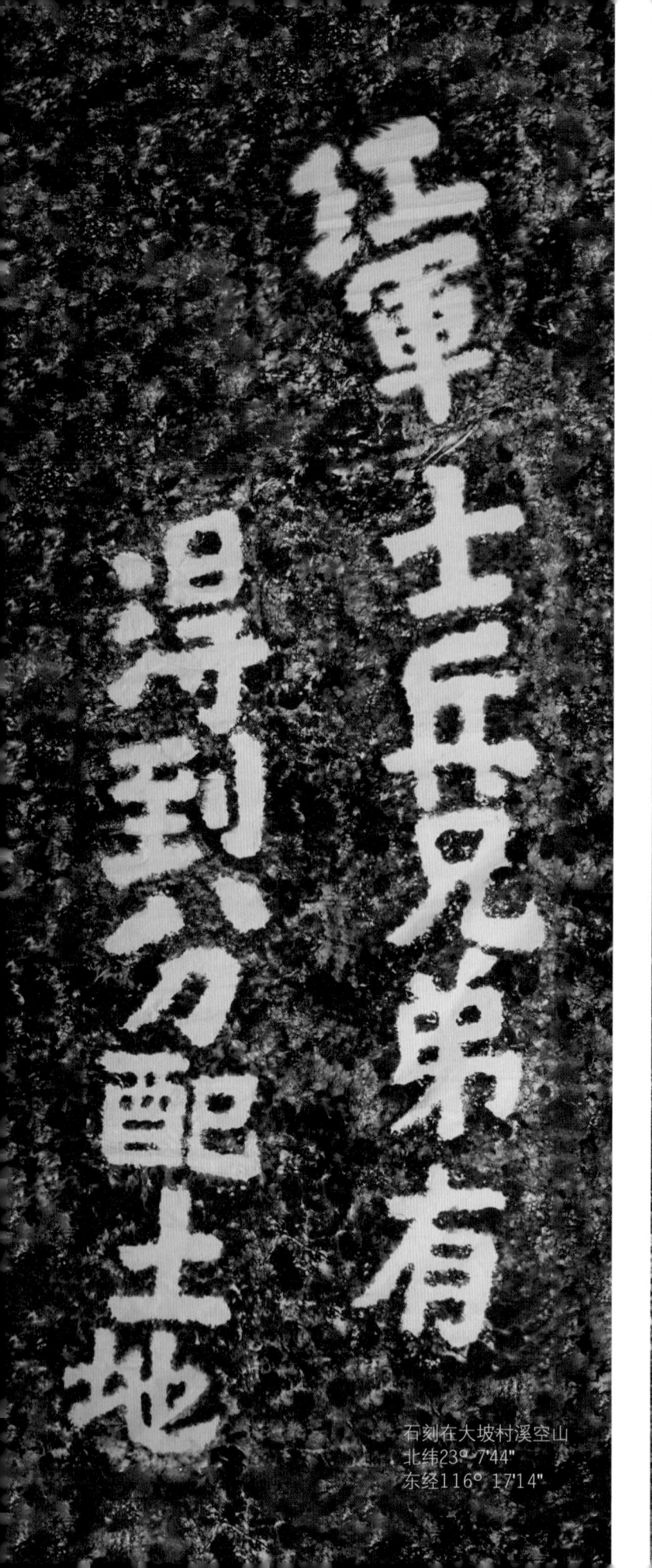

石刻在大坡村溪空山
北纬23°7'44"
东经116°17'14"

兵士有参加苏维埃被选举权和选举权

石刻在迭石村草棚
北纬23°7'26"
东经116°16'57"

2.川陕革命根据地红军石刻的影响

红军石刻作为宣传工作的重要宣传形式，受到了苏区党政军领导的万分重视。1933年11月，在川陕省苏维埃政府召开的苏维埃主席联席会议中，党政军领导要求"各级苏维埃要组织宣传队，对上级来的宣传品要切实散发出去，并向群众解释，马上进行在各石头上刻标语，召开各乡群众大会"。西北军区的文件中也着重指出："在白军经过的道路上，多多刻些石刻标语……号召他们拖枪哗变到红军中来。"正因为如此，从1933年2月，红军解放通江、南江、巴中等地后，在通江城河沿岸岩石上刻制了川陕苏区第一条宣传标语"争取苏维埃中国！"此后，越刻越多，内容越来越丰富，规模越来越大。这些石刻文献、标语、对联在川陕苏区人民群众中留下了不可磨灭的印象，一直鼓舞着苏区人民的斗志。川陕苏区的红军石刻，多层次、多角度反映了川陕革命根据地的历史环境、斗争历程和当时的国内、国际形势，全面记录了川陕苏区军民的丰功伟绩，是川陕革命根据地斗争史的缩影，是刻在石头上的史诗，具有十分重要的史料价值和丰富的政治文化内涵。这些珍贵的红军石刻，不仅是进行爱国主义和革命传统教育的生动教材，对于今天大力发展经济，全面建设小康社会也具有十分重要的现实意义。

六、结论

大南山革命石刻和川陕革命根据地红军石刻在背景、规模、内容、形制、书风和影响等方面存在差异性和共同点。

1.二者创作背景的异同

从创作背景看，二者的共同点有：都是在苏维埃政权领导下的斗争宣传形式，都产生于20世纪30年代；都是在山区多石地区进行的创作活动。不同点是：大南山革命石刻略早于川陕根据地红军石刻，大南山革命石刻位于沿海地区，具有南方石刻的特点，而川陕革命根据地红军石刻位于四川、陕西一带，具有北方石刻的特点。

2.二者创作规模的异同

从创作规模看，二者的共同点有：都是大型石刻群，创作时间跨度长，横跨多地，数量众多。不同点是：大南山革命石刻从普查时的50多件完整保存至今，川陕革命根据地红军石刻由原有近7000件，减少至现存2233件。

3.二者创作内容的异同

从创作内容看，二者的共同点有：都以当时的革命标语为主要内容。不同点是：大南山革命石刻标语通常简单明了，单件作品字数较少。川陕革命根据地红军石刻有法令法规文献、标语，单件作品多者约6000字，少者寥寥几字不等。大南山革命石刻内容突出反映了早期苏区革命的内容，在宣传武装暴动

▲ 通江县红军标语

和内部肃清这两个方面内容较显著区别于川陕革命根据地红军石刻。

4.二者形制和书风的异同

从形制和书风看，二者的共同点有：都是根植于中国传统石刻的艺术创作，都以楷书为主。不同点是：大南山革命石刻以颜体楷书为基本面目，川陕革命根据地红军石刻风格多样。大南山革命石刻以摩崖石刻为主要形制，川陕革命根据地红军石刻则有石刻文献、石刻标语和石刻对联三种。

5.二者创作影响的异同

从创作影响上看，二者的共同点有：都对当时的革命产生了巨大的宣传和推动作用，都记录了苏区军民的丰功伟绩，都是革命斗争史的缩影，都是刻在石头上的史诗，都具有十分重要的史料价值和丰富的政治文化内涵，都是珍贵的革命文化遗产。不同点是：大南山革命石刻的书风产生了区域影响，后代书法家多有传承其书风特点，川陕根据地红军石刻则侧重于革命史料价值。

大南山革命石刻

DANAN SHAN GEMING SHIKE

第五章

大南山革命石刻中的俗字与简体字研究

我国政府从1956年开始推行简体字，1964年发布《简化字总表》。但是20世纪30年代刊刻的大南山革命石刻，却出现了一些现行简体和繁体混用的情况，并且石刻中还有一些俗字掺杂其间。这种文字混用和掺杂现象，使人对刊刻人的学识修养产生一定的质疑，之前也缺乏对大南山革命石刻中俗字和简化字的专门研究，从历史现场调查、乡土文化传统追索和汉字发展变化探寻等角度来思考这个问题后，就会发现，大南山革命石刻所凝结的革命者的革命情怀，是与文化土壤息息相关，与革命者自身修养分不开的。

一、大南山革命石刻俗字字源——潮汕本地造字传统

秦统一六国后，一统南越，今日潮汕归南海郡管辖，揭阳岭设置戍所，潮汕属扬州南边荒芜的地方，史称"南交之地"，地旷人稀。自唐代之后，潮汕文化才和中原主流文化接轨。受历朝历代人口迁移和文化交汇发展影响，潮汕方言俗字非常多见，历代题刻作品中，俗字和异体字的用字情况相当普遍。许多题刻的俗字和异体字用字，与书者的境遇、感触、情怀密切相关，饱含着书者的情感。

比如汕头市潮阳区海门莲花峰景区内，现存"终南"二字题刻，楷书竖题，无款。"南"字书写为"**南**"，此石尚存。相传，此刻为南宋文天祥所题，当地流传着一段关于这方题刻

▲ 莲花峰终南石

的传说。

1278年，南宋小朝廷蒙尘南避，右丞相文天祥举兵勤王，登海门莲花峰寻望帝舟，望帝不酬，十分惆怅，拔剑刻石为"终南"，且有意把"南"字中间写成"午"，以记率兵到达时正是中午时分。

这方题刻的文字以及传说，对潮汕书法史产生了一定的影响，潮人善用异体的书风，也因此获得了启蒙和传承。

在潮阳海门风景区，存一方元代至正三年（1343）题刻，题刻中的"酒"字书为"洇"字。在潮阳东山曲水流，有乾隆十九年（1754）罗天相所书"漱石"二字隶书，"石"字书为"石"。凡此种种异体俗字，在潮汕石刻中数不胜数，代代相传，形成了一种"尚奇""率性"的书风传统。

潮汕地区常年高温多雨，加上地处海滨，湿气较重。这样的气候极不利于纸张的保存，所以潮汕有俗语云"宋前无片纸"。这样的气候条件，促使历代潮人更多地将文献材料刊刻在石头上。石质坚重，不易受潮湿侵蚀，不易变质，文献刊刻其上，千年犹新。所以潮人凡禁示、记游、题名等等，皆用石刻。

这样的气候条件，孕育了大南山革命石刻。在1930年前后的革命斗争中，革命者利用潮汕大南山区多花岗岩巨石的特点，将革命标语刊刻在石上。这样的宣传比印发纸质宣传资料更适合本地斗争情况，敌人不易毁坏，人民群众乐于接受，革命标语巍巍立于石山之间，气势磅礴一如革命气概。

但是也因石质坚重，在石头上刊刻文字较在纸上书写更费工费力。所以刊刻者往往化繁为简，在躲避敌人，利用有限的时间刊刻标语时，往往会尽量选择笔画简单的简化字。在石质不适合刊刻原有字形时，通常会临时改为简化字、俗字或异体字。而在刊刻者偶尔出错之后，更需要巧用智慧，运用俗字和简化字的造字原理和方法完成刊刻。

大南山革命石刻俗字、简化字对照表

大南山革命石刻用字	通行繁体	现行简体
国	國	国
权	權	权
杈	權	权
变	變	变
会	會	会
埃	埃	埃
实	實	实
选	選	选
对	對	对
苏	蘇	苏
被	被	被
俗	備	备
槍	槍	枪
紅	紅	红
举	舉	举
㝵	得	得
寍	寧	宁
鞏	鞏	巩
囷	團	团
囙	團	团
狵	黨	党

二、大南山革命石刻俗字与简化字考察

1.大南山革命石刻俗字、简化字对照表

大南山革命石刻研究者们通过田野调查，资料查找等方式，收集到大南山革命石刻俗字和简化字共21个。

2.大南山革命石刻简化字考证

大南山革命石刻用字严谨，体现了刊刻者拥有良好的知识文化修养。简化字的运用符合文字"约定俗成"的规律，符合当时的书写规则。大南山革命石刻出现的简化字有"国"

▲ 潮汕革命石刻上的简化字

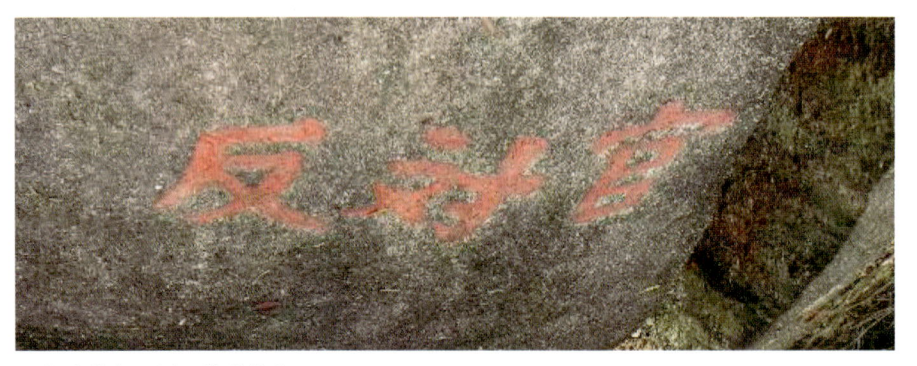

▲ 潮汕革命石刻上的简化字

"权""会""实""选""对""苏""变""举"9个。有人提出质疑，大南山革命石刻出现简繁混用的情况，是否为刊刻者文化水平低下造成？针对这个问题，下面从"国"字的用字考证进行考察。

"国"在大南山革命石刻中多见。如"实行全国总暴动！""建立全国苏维埃政权！"这两条标语中就用了这个

"国"字。"国"字的字形,有异于现行的简体"国"字,也有异于通行的繁体"國"字。从造字方法上看,繁体"國"字是形声字,从口或声。简体"国"是会意字,从口从玉。

考察大南山革命石刻中的"国"字字形,需要从"国"字的演变说起。汉字"国"字是汉语一级通用规范汉字(常用字),字形始见于商代,经过数千年演变,异体字繁多,其写法多达40多种。

"国"字的初文写为"或"字,最早出现在甲骨卜辞中。直到西周初年始有"國"字,秦统一文字后,"國"字基本定型。

在较早的时候,"國"的俗字形式写作"国",如隋开皇十五年(595)《故比丘尼释修梵石室志铭》:赵都建国,代有喆人。敦煌写卷伯3375号《欢喜国王录》:"忽然入定辞前世,欢喜王宫国后妃。"唐代苏鹗则于《苏氏演义》卷上直言:"只如田夫民为农,百念为忧……口王为国,文字为学,如此之字,皆后魏流俗所撰,学者之所不用。"

可见"国"字是六朝前后出现的俗字,其字从口从王,是个会意字。《龙龛手镜·口部》:"国,俗,正作國。"敦煌写卷中亦屡见书"國"作"国"的例子。俗书多有增减笔画的通例,"王""玉"二字古文字都没有一点,所以没有点画的"国"和带着点画的"国"字便可以通用。如敦煌写本斯

▲ 太平天国钱币上的"国"字

541号背《毛诗传笺·邶风·式微》小序"黎侯寓于卫",毛传"寓,寄也。黎侯为狄人所逐,弃其国于卫"便是例子。

1851年,洪秀全建立太平天国,下令"天国"二字用特殊写法,其中"天字必长其上划","國"则去"或"从"王",作"囯"字,谓王居中。1853年,太平军攻克南京(改称天京)之后,即开始铸造自己的货币,正面为"太平天国",背面为"圣宝",其中"天""囯"均为新字。从此,这个"囯"字就可以说是规范汉字,而不是俗字了。1935年,国民政府教育部公布"第一批简体字表"收字324个,"国"字在列。

1956年,中央颁行《汉字简化方案》,将"國"简化为"国",是现在法定规范文字。

由以上考证可见，大南山革命石刻的刊刻者作"国"字，并不是在写俗字，而是用当时的规范写法来书写宣传标语。所以，大南山革命石刻的其他简化字如"权""会""实""选""对""苏""变"等，都见诸1935年的"第一批简体字表"，其实是那个时代的规范汉字，大南山革命石刻的用字不存在简繁混用问题。

3.革命者造字

大南山革命石刻当中的用字，渗透着革命者的情感与观点。举三则用字比较特殊的标语为例。在"团结打倒保安团"这则标语中，两个"团"字分别作"囻"和"囼"。在"打倒国民党"这则标语中，"党"字作"獚"。在"巩固苏维埃政权！"这则标语中，"巩"字作"鞏"。

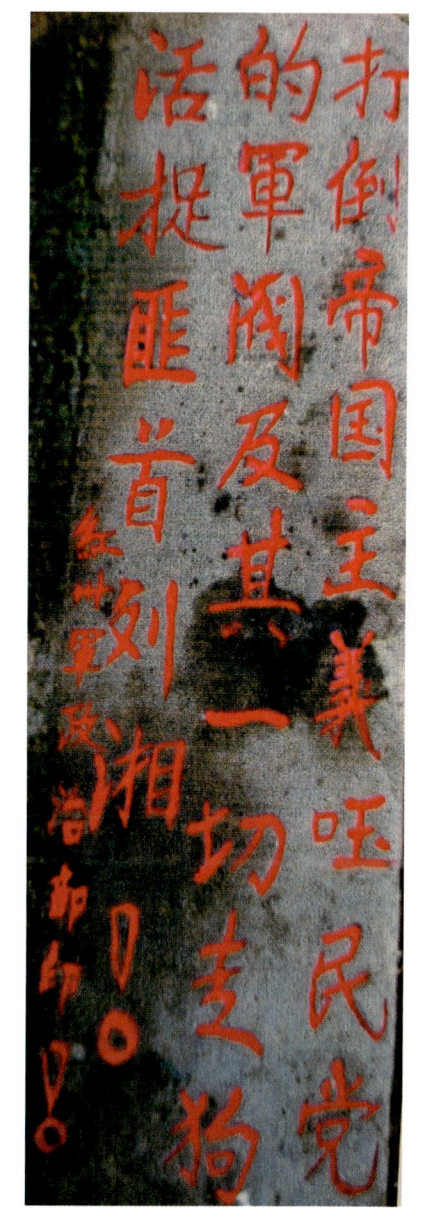

▲ 川陕革命根据地石刻上的"国"字

"囨""圎""猭""鞏"这四个异体字未见诸先前文献，其他地方也未曾见有这样的写法。这三个异体字，为革命者创造的俗字。前三字和"鞏"字的情况又有所不同。

　　"团"字的繁体字作"團"，从口專声，外形内声，是个形声字。不过刊刻者为了表意生动明确，将"团"的造字方法从形声字变为会意字。有趣的是，"專""赤""白"这三个意符相互之间并没有相通之处，由于书写效果上能够产生形体相近的效果，所以刊刻者借此进行巧妙的互用。这是一次较为复杂的声符改换为意符，并且意符进行形近换用的字形变异。"猭"字的造字过程也颇为复杂，"党"字在当时已经有通行规范的简体"党"字，刊刻者先将繁体的"党"字进行简化，再加上反犬旁。这是先省简再增繁。以上所析三个俗字，字形改变均对刊刻者自身文化素养提出较高要求，刊刻者甚至是要掌握一定的文字学知识，才能完成。

　　这两则标语中俗字的含意和艺术特色，马毅友在1985年出版的潮汕歌册《铁锤颂》中有一段唱词进行解释。该段唱词如下：

　　老万愤慨来到大石岗，刻下"囨结打倒保安圎"，又刻"打倒国民猭"，新字如花争吐艳。新字寄意意深长，有如铸剑剑发光，国民猭是猪狗党，党字加个反狗边。保安团，象豺狼，圎字是"白心肚内藏"；团结起来打白狗，囨字是

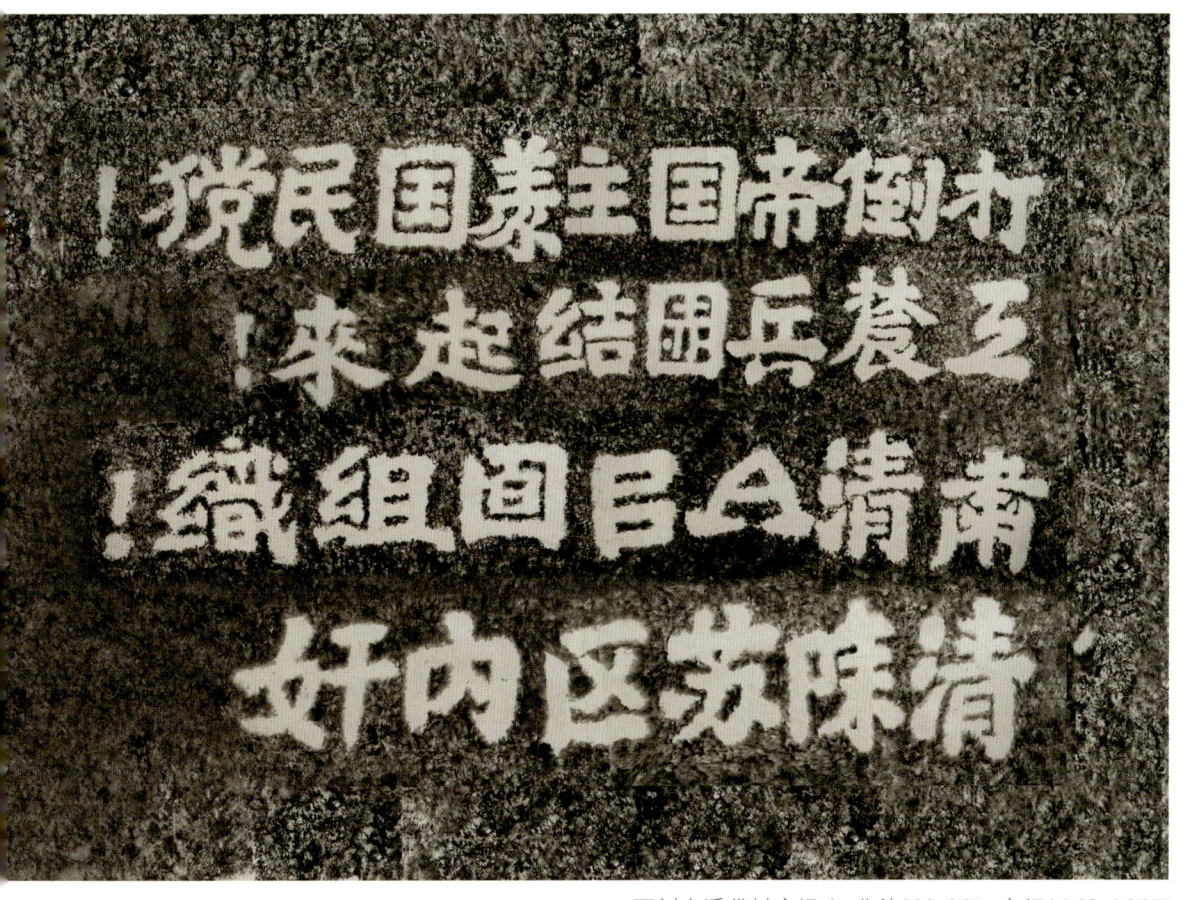

第五章 大南山革命石刻中的俗字与简体字研究

！猇民国泰主国帝倒打
！来起结囻兵袭工
！织组囼自会清甫
奸内区苏陈清

▲ 石刻在潘岱村庵场山 北纬23°8'9" 东经116°16'27"

赤心装胸膛。人兽划清了界限，赤白分开成两边，立场出在铁笔下，观点体现在字间。好象一纸判决书，狗党臭名万古传，赤心白心相对比，留给后世评忠奸。

"囻""囼""猇"这三个革命者所创造的俗字，在歌册中被称为"新字"。"猇"字的含义解释为"国民党是猪狗党，党字加个反狗边"，"囼"字的含义解释为"保安团，象豺狼，团字是'白心肚内藏'"，"囻"字的含义解释为"团结起来打白狗，团字是'赤心装胸膛'"。这三个字的造字，表达了刊刻者的观点与立场——"人兽划清了界限，赤白分开成两边，立场出在铁笔下，观点体现在字间。好像一纸判决书，狗党臭名万古传，赤心白心相对比，留给后世评忠奸。"利用文字这一利器，刊刻者进行了强烈的抒情。

"鞏"字则是刊刻者误刻后的巧妙变易。"鞏"字本来应是由"工""凡""革"三个偏旁部首组成，但在本则标语中却成了"廿""凡""革"的组合，按说是个错别字。

《铁锤颂》里有一段唱词讲述了这一经过：

本来"巩"字头三划是个"工"字，老万却是刻做"廿"字。小黄就说巩字本是"工凡革"，刻做"廿凡革"来错字成，老万说道"廿"指廿世纪，含义就是"廿世纪，平凡人，闹革命"。

据说"巩固苏维埃政权！"这方石刻是刊刻者第一次刻，心里紧张，以致出错。但由于这方石刻的文字已经被人民群众所接受，就具备了"约定俗成"的特征，也就造就了一个俗字。这是文字在传抄过程中产生的异体，可以理解为书写变易。

以上的俗字造字方法，其实是潮汕地区造字的传统，参考前文所述文天祥"终南"题刻中"南"字中间俗写为"午"，便可知潮汕本地造字的文化传承。

以上这四例俗字，深刻地体现了俗文字的通俗性、任意性、时代性、区别性和方域性，是潮汕俗字生动形象的代表。其俗文字的特点，也使大南山革命石刻在书法史上具有独特性。

第五章 大南山革命石刻中的俗字与简体字研究

▲ 石刻在大溪坝红场广场阅兵台 北纬23° 7'40" 东经116° 17'14"

三、大南山革命石刻中俗字的意义

大南山革命石刻俗字与简化字现象是潮汕文化的血脉赓续，也是潮汕本土书法家的情怀寄托。具体表现为：

1.大南山革命石刻俗字和简化字的产生根植于潮汕地区自古传承的石刻传统

潮汕刻石书法传统产生的原因是潮汕地处北回归线上的沿海地区，常年高温多雨，不利于纸张保存。当地石材丰富，石头具有坚硬、不侵风雨的特性，故潮汕民众多将书法作品刊刻在石头上。所以潮汕地区石刻书法艺术较为发达，石匠众多，石刻遗存数量大，众多仁人志士对革命标语的刊刻驾轻就熟。

2.大南山革命石刻俗字和简化字侧面反映斗争形势之险峻

刻石费工费力，尤其是在恶劣的敌我斗争环境下，从简从快是一个很重要的原则。当时的红场一带，敌我势力交错，革命力量尚不是很强大，没有稳固的根据地，敌人随时可能到来。当面临繁体字和简化字的抉择时，刊刻者往往会选择简化字。这是大南山革命石刻中简化字频繁出现的原因。这一点，与其他地区的革命石刻有较显著的差异。

3.大南山革命石刻俗字和简化字体现书作因势象形的石刻文字特点

大南山的山石，以花岗岩居多。花岗岩石质较坚硬，不易侵蚀，但也不易凿刻。在一些无法凿刻的地方或字体过于复杂时，则在字体上采用简化字或俗字的灵活处理，恰好体现了书作因势象形的特点。

4.幽默诙谐、雅俗共赏的造字情怀寄托

无论是无意中出错的笔误，还是有意为之的造字，大南山革命石刻中的俗字给人的印象是"心领神会"。观者从字形就能立刻把握文字的读音和意义，符合中文汉字"音、形、义"结合的特征；刊刻者又能够从字形结构的创造中去嬉笑怒骂，发人深思。无论雅俗、老少，观者都能理解刊刻者所寄托的革命情怀。

大南山石刻，可谓集"天时、地利、人和"于一体：只有在红色政权对敌斗争的时代条件下，才会出现"团"字内写为"赤"或"白"的异体字。只有在汉字简化运动开展到一定程度后，才会出现高频率的"简繁混用"，此可谓"天时"。坚硬、体型巨大且裸露的花岗岩山区，相当适合革命标语的刊刻；莽莽苍苍的大南山，又成为革命石刻极佳的藏身所，此可谓"地利"。书丹者文化水平高，志趣高雅，书写功底好，刻石者技艺高超，不惧艰险，一片赤诚，此可谓"人和"。从俗字造字方法方式和简化字运用的角度出发，大南山革命石刻堪称潮汕书法史的一大奇观，在中国书法史上也焕发出独一无二的光辉。

大南山革命石刻

DANANSHAN GEMING SHIKE

结语

大南山革命石刻，既是庄严的政治宣言，又是集思想性、艺术性、宣传性、教育性于一体的艺术品，记录了潮汕儿女在中国共产党的领导下英勇斗争的壮丽篇章。深入研究其艺术性与新时代价值，对于进一步研究红色文化、弘扬革命精神、保护革命文物、开发红色资源具有十分重要的意义。

一、大南山革命石刻标语的艺术性

1.革命石刻标语文字通俗易懂、内容丰富，催人奋进，鼓舞人心。当时为让在苏区世代生活的老百姓认识了解中国共产党、苏维埃政府、红军这些前所未闻的新鲜事物，面对劳苦大众文化水平低的实际，红军石刻标语用方言俚语将马列主义基本理论大众化，把共产党的主张、苏维埃政府的法令以口语的形式本土化，为群众喜闻乐见，是唤醒群众革命的战斗号角、瓦解国民党反动派的锐利武器。

2.革命石刻标语文字章法灵动、生机勃勃，既有汉魏之美，又兼晋唐之妙。字体以楷为主，极富实用性，且最易辨识，更大限度地宣传革命理想。

3.革命石刻标语排版形式新颖、不拘一格。排版因地制

宜，多为右读竖排文字，部分为右读横排版，还有少数为左读横排版，在那个时代可谓模式

▲ 编委会成员在大南山革命纪念馆调研

新颖。标语的排版打破每行文字对称的格局，因地制宜，按崖面或岩石大小和文字内容多少合理分行刻字，追求内容完整而又醒目美观的效果。部分标语还辅以图案衬托，既增强了版面的美观性，又突出了无产阶级革命纲领的政治性。

4.革命石刻标语錾刻工艺精细，极具美感。石刻标语錾刻工艺为阴刻，较小的石刻标语和文字较多的石刻文献均使用扁凿一次刻成，深度不等，镌刻呈V形，刻面细腻，极富立体感，呈浑厚大气之势，充分展示了"石司令"翁千援笔擎刀、镌石为语的高超錾刻技艺。

二、大南山革命石刻标语的新时代价值

1.历史价值

大南山革命石刻标语包含了中国共产党关于民族民主革命

▲ 上为大南山革命纪念馆外观，下为大南山革命纪念馆展览厅

的理论、纲领、政策、任务、对象、目标等，较为全面地反映了红军在潮汕的主要活动，是广东革命斗争史的缩影，也与那一时期全国各路红军的斗争互有联系、遥相呼应，为研究土地革命战争时期广东革命根据地的政治、经济、军事、科教、文学艺术等提供了难得的文献史料。

2.教育价值

大南山石刻记录了红军和潮汕人民群众开展革命斗争的艰苦历程和崇高精神,是新时代进行爱国主义和革命传统教育的鲜活教材,对于塑造崇高思想品格,培养正确的人生观、价值观、世界观,加强社会主义政治文明、精神文明建设,培育和践行社会主义核心价值观,均具有极大的教育价值。

3.宣传价值

大南山革命石刻标语是党和红军宣传工作的伟大创举,是潮汕人民宝贵的精神和物质财富,是一种政治资源,更是一张新时代宣传革命老区的靓丽名片。红色文化无疑是潮汕文化基因的重要组成部分,是潮汕人民文化自信的底色与底气。革命石刻文化是潮汕红色旅游的一大亮点、一个品牌,在红色旅游中发挥了重要作用。

"历史是最好的教科书""中国革命历史是最好的营养剂"。大南山革命石刻标语契合了习近平总书记关于善用"大思政课"培根铸魂的精神,可为汇聚实现中华民族伟大复兴的强大正能量凝心聚力,拥有较高的思想价值。

大南山革命石刻

DANANSHAN GEMING SHIKE

附录

附录一 南山魂

陈望 图/文

黑白木刻连环画

▲
在白色恐怖的岁月，大南山打石村一片荒凉
（19.5cm×13.5cm）

石匠翁千的长子翁石松,是村里的秘密赤卫队员,被反动派惨杀了
（20.5cm×13.5cm）

"比之屈死,毋宁拼死",石匠举起铁锤,把石雕砸得粉碎。"一生雕龙刻凤,还不是为吸血鬼效劳!"
（19cm×14.5cm）

▲
毁了亲手刻作的心爱石雕,石匠卷席,星夜携子带女,投奔苏区
(15.5cm×21cm)

▲
苏区政府派战士暗地里保护、迎接这位可敬的长者和他一家
(12.5cm×20cm)

附录

▲ 在苏区里,练兵、支前、学习、宣传、生产,到处热气腾腾,歌声嘹亮
（14cm×21cm）

◀ 街头巷尾,儿童欢乐地唱着儿歌:"打土豪呀分田地!"句句儿歌,掀起了石匠感激党的阵阵心潮
（17cm×16.5cm）

▲
翁千年老不服老，希望多为苏区作贡献。一日，他看战士写标语触动了心窍：
写的标语不如刻的标语耐久
（13.5cm×18.5cm）

▲
翁千记起几年前，农民运动的烈火点燃了打石村，石匠曾经自告奋勇地在村前刻作
一幅农会犁徽
（15.5cm×19.5cm）

当时，农会组织农民和豪绅地主展开减租退押斗争，农会派翁千刻制一个石质的标准斗
（18cm×14.5cm）

斗上还刻上"二五减租"四个字，责令地主收租不准年年换大斗，并实行"二五减租"
（16.5cm×15cm）

▲ 大革命失败，反动派、豪绅、地主反攻倒算。打石村农民把石斗埋入地下，发誓有朝一日再抬出来和地主算账
（15cm×19.3cm）

▲ 往事历历。石匠找政委，把自己刻犁徽、刻石斗的经过，以及刻标语的设想，一一地讲，得到政委赞扬和支持
（16cm×21.5cm）

附录

◀ 翁千把第一条标语"红军万岁"刻在享有潮汕革命圣地称号的红场石讲台,烙印在苏区人民的心坎上(20.5cm×16cm)

▶ 标语刻得很好,到处在传颂。石匠的特长得到发挥,内心很高兴,终日现笑颜(21.5cm×17cm)

一次，翁千把国民党的"党"字，故意刻成"獱"字，翁千的铁笔，抒发着强烈的爱和恨
（17cm×16.5cm）

翁千还经常冒着危险，跑到边界、大路口刻标语，向白区群众作宣传，引起敌人的注意和恼火
（14cm×13.5cm）

▶ 反动头目一发现标语，暴跳如雷，立刻指使贼兵、狗腿刷掉（23.5cm×12cm）

▶ 敌人刷掉后，翁千又找机会重刻，弄得敌人无可奈何！（12.5cm×23.5cm）

1932年春天，国民党同地主武装倾巢围剿大南山，红军连长翁龙，在一次苦战中壮烈牺牲，被安葬在面对红场的高陂山
（20cm×15cm）

他是翁千的儿子——为革命献出生命的第六个儿子了。夜漆黑，山风呼啸，翁千想儿子，想当前苏区的困境，内心忧愁、沉痛
（20cm×15.4cm）

▲ 连日，石匠在红场徘徊，当他登上石讲台，真理的声音又在耳边回荡："有党在，就有红军；有红军，革命就有希望！"（14.4cm×16.5cm）

◀ 党的许多领导人，如彭湃，始终同人民在一起，餐风饮露，身先士卒，有他们带头，世界上是没有什么困难不能克服的！
（20.5cm×16.5cm）

真理赋予石匠以信心，痛苦随着时间流逝。灯下，石匠和幼儿翁振，合力锤炼工具，准备再战
（20cm×14.5cm）

▲ 清早，翁千登上盐岭，发愤要在盐岭的大石壁上，刻下"马克思列宁主义万岁！"九个大字
（10.5cm×13.5cm）

▲ 从此，在大南山的群峰中，激荡着刻石的铿锵声浪，它是战鼓，它是号角，一声声，一阵阵，振奋人心，摇撼山岳
（17cm×20cm）

▲
日复一日,翁千忘我地奋战。一个晚上,他瞒着同志独自上山,没有警惕到敌人的监视,他被埋伏的敌人瞄准了
(14cm×23cm)

▲
敌人夺去了石匠的生命,石匠的手依然紧握工具,他像挂灯,在黑夜里继续闪耀着亮光
(16cm×16cm)

群山在哭泣,山洪在怒吼,南山人民从四面八方集拢过来,追悼烈士,悲恸、复仇的地火在猛烈地燃烧
(22cm×14cm)

革命自有后来人,少年翁振,咬紧牙关,接过父亲手中的"武器",踏着先烈的足迹,继续战斗在血染的石壁旁
(16.5cm×13cm)

大南山的群峰，又回荡起刻石的有力响声。翁振一鼓作气，终于刻完了"马克思列宁主义万岁"九个闪光的大字
（20.5cm×14cm）

附录

▲ 南山石刚硬，南山人坚强，翁千烈士永远活在潮汕人民心上
（17cm×20.5cm）

▲ 大南山的山花年年怒放，泉水日夜长流，人们饮甘泉，享美果，一定会倍加缅怀我们的父辈，是他们用鲜血洗洒过这片贫瘠的大地！
（14cm×23cm）

附录二　石刻标语与石匠翁千

撰写：周永国　　改编：林　琳　　绘画：姚建平

在中国革命的漫长岁月中，印刷、手写的革命标语何止千千万，但大南山是其中独具特色的一处。大南山石刻革命标语群纵横几十公里

附录

大南山石刻标语，为当年潮普惠县委为配合当时的革命斗争而组织制作，分布在各重要隘口。据统计，石刻革命标语群共36石57条，合467字

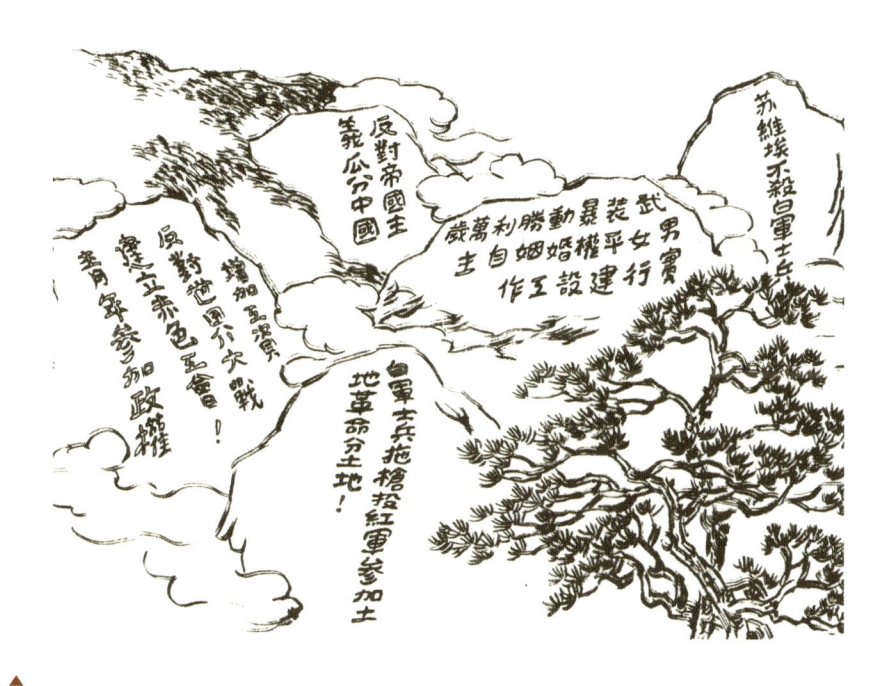

在红场阅兵台上刻有"巩固苏维埃政权"的标语，盐岭径有"列宁主义万岁"等标语。此外，还有"拥护中国共产党""武装拥护苏联""男女平权婚姻自由""实行土地革命""实行建设工作""工农兵团结起来"等标语

▲ 这些石刻标语，配合了当时大南山革命根据地的反"围剿"战斗，同时大大增强了当地群众的革命意识，坚定了他们坚持革命斗争的意志。而标语的镌刻者，是革命石匠翁千

▲ 翁千，1879年出生于现汕头市潮南区成田镇后坪村的一户贫苦农家，从小跟着父亲学打石，长大后以打石谋生，是大南山一带有名的石匠。长期的艰苦生活使翁千具有强烈要求自由民主和反抗强暴的革命精神，性格正义凛然

▲ 20世纪20年代，在彭湃领导的海陆丰农民运动影响下，潮汕地区的农民运动逐渐兴起，各地纷纷成立农民协会。1926年，翁千所在的成田乡及附近的沙陇乡农会相继成立，他牵头联合全村贫农，成立了后坪农民协会

▲ 为了树立农会的权威，翁千依照农会会旗上的犁徽，在村里芙蓉山边的一块大石上刻下一张长2.1尺、高1.5尺的石犁，并在附近的一块石头上刻下"农民协会制造"等标语，象征农会长存不朽

▲ 大革命失败后，国民党反动派残酷镇压农民运动，农民运动转入低潮。经过这次运动，翁千的思想觉悟得到很大提高，他逐渐走上了革命道路，决心当一个"赤派"

▲ 翁千育有9子1女。在他的影响下，家族中多人相继投身革命。1927年大革命失败后，大批革命人士被捕杀，但翁千仍鼓励亲人坚持斗争。1927年至1930年四年间，三个儿子相继牺牲，翁千逐一为儿子立碑

▲ 1930年夏,国民党反动派大肆捕杀革命群众,翁千是农会带头人,自然成为国民党反动派捕杀的目标,但他毫不畏惧,其时已经51岁的他带领一家三代及堂弟、堂侄共18人,奔赴大南山革命根据地,继续革命

▲ 1930年9月,时任红军四十七团营长的四弟翁长毛被捕,在潮阳县英勇就义。其后,翁千的堂弟翁达三和堂侄翁锦也相继为革命捐躯

▲ 翁千家族中，先后有6名亲人为革命事业牺牲。人到中年而面临丧子、丧亲之痛，是人生中多么大的打击。但翁千化悲痛为力量，勉励家人"要当赤派到底"

▲ 1930年11月，中共潮普惠县委在大南山大溪坝村的石狮埔召开潮普惠县第一次工农兵代表大会，宣布成立潮普惠县苏维埃政府。县委把制作石刻革命标语的任务交给翁千，他毅然接受

▲ 翁千在石狮埔的大石上刻下了"潮普惠工农兵第一次代表大会万岁""反对世界大战""武装拥护苏联"等几幅标语,鼓舞红军和群众的士气

▲ 当时大南山环境恶劣,山路崎岖,翁千及其助手们时常是风餐露宿,来回奔波,抢夺时机镌刻革命标语。国民党反动派恨之入骨,时常派出暗探打手伺机谋害

▲ 有一次，翁千在芦鳗坑搭架镌刻革命标语，全文是"苏维埃欢迎白军士兵拖枪到红军来"，标语分成两列，从上而下镌刻。当刻好上面6个字时，伪装成农民的敌人突然近身猛扑，翁千纵身跳入水中，敌人开枪猛打，水面泛起血花

▲ 次日，敌人大摇大摆到此收尸领取赏银，不料浮上水面的却是一条芦鳗。如今，那块大石上还留下"苏维埃"（在右边）、"兵拖枪"（在左边）的字样

▲ 1932年,国民党军队对大南山革命根据地进行疯狂"围剿",大南山革命环境急剧恶化。但翁千仍坚持斗争,一方面继续在大南山镌刻革命标语,另一方面昼伏夜出,冒险送情报给红军部队

▲ 由于长年奔波劳累,翁千积劳成疾,于1933年夏病逝在家中,终年54岁。临终时他嘱咐妻子:"你们不可离开本村,赤派一定会再来的!"

▲ 1935年以后，大南山革命根据地丧失，但革命火种已经点燃。人民群众竭力保护这些标语，有的在上面涂泥土，有的在旁边种上藤蔓杂草将其掩盖，有的则全村群众一齐出动，挑土担石掩埋标语

▲ 红场阅兵台前面刻有"巩固苏维埃政权"标语，起初群众用泥土把它盖住，不久因暴雨冲刷泥土，标语又暴露出来。1935年底，国民党林溪乡乡长企图劈石为砖，群众极力反对，保护石刻

附录

▲ 不久,国民党政府派兵准备炸掉石刻,红场周围12个村的男女老少纷纷出动,伪乡长慑于人民群众的压力,只好把石刻革命标语保留下来

▲ 1979年,大南山石刻革命标语被公布为广东省重点保护文物。大南山革命标语连同翁千的"石刻革命"精神是不朽的,它们历经岁月洗礼而常新

附录三　潮州歌册·铁锤颂（节选）

马毅友

第一回
三姓祠，高挂列宁像
翁老万，喜刻犁徽旗

话说潮阳三姓村，一村三姓翁、游、黄，有个石匠翁老万，手艺精深传四方。

刻花花开不枯萎，刻鸟鸟儿报春归，刻人人人都长寿，刻字字字闪光辉。

石头任凭伊使唤，敢想敢做敢发挥。还曾驱石退顽敌，从此别号叫"天雷"。

…………

石头本是天生然，买石还欲缴石捐，斤石欲榨二斤油，两铁欲刮二两锈。

锅底照见手捧碗，碗底看见食汤人，老万郁结把天问："贫富岂是天生然？"

为何富人石门石壁刻花鸟？石匠草门草壁头戴天！为何恶蛇无龙无珠富万粟？我号"九龙吐珠"断炊烟！

…………

大家欲选翁老万，老万说伊年岁高，重新投票来选举，红毛当选作领导。

伊呾农民应识字，俺村学校要改造，扩大范围办夜学，先学列宁个教导。

…………

第六回
翁石匠，全家三代同入伍
洪政委，论证伟大出平凡

且说老万勤劳人知端，脚手一闲心就烦。走出村来散散步，见一大石挡在路中央。

想起上山那一日，路遇石桥大戒严，有脚不能行直路，无计就要去绕弯。

幸得有人来相助，铁锤开路闯过关。如今岩石挡大路，岂能袖手来旁观！

蒋介石是块大顽石，豺狼当道民遭殃。未能持枪打蒋匪，也应开路帮助打蒋人。

主意一定就动手，挥舞铁锤敲钢钎，一级一级来开凿，如造拱桥跨过江。

……

第七回
打响头炮兼捉鬼
再创新字表丹心

一、担任新职

老万三代入伍打白派，好事如风传开来，四处工农学伊样，一花引来百花开。参军热潮村赛村，上山之人排连排，好比龙为吐珠下大海，凤为梧桐远飞来。

红军节节打胜仗，分田建政火朝天，白派慌忙增兵马，镇压苏区建政权。

李老君，虽有八卦炉，孙大圣，炼出金睛眼。军民齐心同杀敌，白派设计来诱降。

苏区区内有内奸，里通外应演《双簧》，说乜"二刀相砍一刀缺，二家相好皆平安"。

党委及时召开干部会，列宁遗像挂在厅中央。老洪到会来讲话，一针见血揭谣言。

既欲相好为何来围剿？既说平安为何还派"返乡团"？明是欲硬硬不得，老虎变笑是心寒。

笑面虎前拳头愈着硬，内鬼拢总要捉光。敌军若是无内鬼，就会变成独脚狼。

老万说道若要捉内鬼，革命真理应宣传，心中真想学红毛，做个列宁主义宣传员。

只因一生所长擎铁笔，欲擎毛笔非所长。老洪鼓励伊努力，有心打石石成砖。

会后细看四处宣传品，风吹雨打敌摧残，若象当年犁徽石上刻，风雨无损火烧难。

他想铁锤刻标语，好让真理代代传。上级赞他想得好，派他当个铁笔宣传员。

二、打响头炮

老万担任新职喜满胸，儿辈笑称"爹爹高升石司令"，千山万石任调遣，点石成兵闹革命。

说得老万笑眯眯，叫声铁锤老兄弟：你俺至交已三代，一生一世不分离。

上日借你凿石开路来，政委点破茅塞开，正知平凡出伟大，好比一母"双胞胎"。

如今上级派重任，从此担子挑上身，你个作用加百倍，我个肩头压千斤。

铁锤好象会回话，家门仿似添一丁，万姆炊了一锅白米饭，给伊二人食饱去出征。

老万说道"铁锤怎会食，你今来食事是真"。万姆含笑坐下去，相让夹菜亲又亲。

…………

山上流水高向低，流到红场撞石篱，鹅群饮罢腾空上，去为彭湃诵赞诗。

海丰农民运动全国先，开辟红场建立苏维埃，彭湃来到潮汕地，有如鲲鹏天飞来。

手持尖串打头阵，惠来城门被破开，发动农民分田地，春到人间乐开怀。

今年东江特委搬到此，富春邓发[①]也齐来，成立闽粤赣边特委会，提出"巩固发展苏维埃"。

会后大家就行动，也辟红场巩固苏维埃，纪念彭湃大功绩，鹅头筑成阅兵台。

老万听罢诉衷情，当年红毛追随彭湃闹革命，慕名我欲见伊面，未能如愿心唔清。

上月红场刚建好，到会人人齐欢欣，男女老幼大操练，跑步扬土起飞尘。

---

① 李富春，时两广省委书记；邓发，时闽粤赣边区特委书记。

老洪宣布大会开,一位女将走上台,眉清眼秀人人识,开口句句动山崖。

她是彭妻许玉磬,一同工作在上海,去年彭湃陷牢狱,就把法庭当讲台。

慷慨就义头不弯,痛骂蒋贼大罪魁,高呼:"打倒国民党反动政府!中国苏维埃万岁!"[1]

玉磬说完人人眼泪流,当场宣誓个个举拳头:"彭湃临刑不忘苏维埃,俺应继承遗愿志不挠!"

小黄见他喉硬声骤停,接过话头往下陈,玉磬为继先烈志,挑选重任担上身。

带头下山入白区,发动群众打匪徒,为着巩固苏维埃,把将白狗来拖住。

正当斗争热潮高,妇女翻身庆出头,不幸玉磬被围捕,地在普宁杜香寮。

伊身堪称是个女彭湃,至死姓名不公开,白狗不知她是谁,只闻高呼"巩固苏维埃!"。

两人止泪同商量,应将先烈的遗言,刻在红军阅兵台,让他夫妻永活在人间。

主意一定举步行,踏碎路上绊脚藤,前往红场挥铁笔,叫它如日从东升。

(念)欲开第一炮,老万心战兢,锤动山谷震,兽惊鸟飞鸣。

天上坠落日,地下飞火星,连续刻七字,字字都分明。

"巩固苏维埃政权",有如一道动员令,刷上朱砂金光闪,好比北斗七星明。

(白)本来"巩"字头三划是个"工"字,老万却是刻做"廿"字。

---

[1] 彭湃烈士就义时高呼口号中的两个原句。

小黄就说錾本是"工凡革",刻做"廿凡革"来错字成,老万说道"廿"指廿世纪,含义是"廿世纪,平凡人,闹革命"。

小黄听后心欢然,称赞老万想得长,含义深刻意明白,铁笔比我毛笔强!

一老一小话正停,适逢红军来练兵,都说老万"头炮打得响!"开创苏区新文明。军民一齐来高呼,欢声雷动山地浮,岩石也象在滚动,一如九龙来吐珠。

老万遥望双合水,芙蓉石上刻犁徽,当年将它当作龙珠看,还未知它是与非。

如今龙珠已找到,多年心愿有依归。山风吹来阵阵紧,好象九龙在展威。

万姆合家喜满腮,宝珠走上阅兵台,红衫红裤照红字,真象两颗宝珠叠起来。

…………

四、再创新字

老万愤慨来到大石岗,刻下"囻结打倒保安囙",又刻"打倒国民猡",新字如花争吐艳。

新字寄意意深长,有如铸剑剑发光,国民猡是猪狗党,党字加个反犭(狗)边。

保安囙(团),象豺狼,囙字是"白心肚内藏";"囻(团)结起来打白狗",囻字是"赤心装胸膛"。

人兽划清了界线,赤白分开成两边,立场出在铁笔下,观点体现在字间。

好象一纸判决书,狗党臭名万古传,赤心白心相对比,留给后世评忠奸。

小黄谈起周恩来，留学法国有雄才，创办刊物名《赤光》，把将工作来展开。

又把彭湃事迹对人言，留学日本那年间，开会成立"赤心社"，赤心一颗红丹丹。

回到海丰干革命，《赤心》为名办周刊。如今人去赤心在，彭湃还活在人间。

大家想起老洪二句话，引作名言诵一遍。正是："莫道打石平凡事，做好就是不平凡。"

第八回
再辟战场，宣传列宁主义
铁锤架桥，双榕树下会亲

…………

二、工地遇敌

红花盛开得人心，石工愈刻愈认真，副组长是担炭姐，分工带队已起程。

老万单身到望岭，山高水深树成荫，白军入山先到此，刻幅标语攻伊心。

（白）这幅标语全文是："白军士兵拖枪投红军参加革命分土地。"

煞尾"地"字欠二画，老万困倦在养神，适逢老洪来巡视，举锤代刻好认真。

忽见一连白军到，冤家堵头已临近，老洪联珠驳壳二十响，专打脚手未伤身。

白军一人受伤二人扶，百兵去掉六十人。回身走来护老万，一同隐蔽入森林。

山上群众都欢呼："老洪老洪枪法真！"白军听后大惊奇，都说老洪是神人。

有者上前看标语，看后点头记在心，连长就是戴学良，大失所望在沉吟。

今日借机入山来，想将路径先看清，时机一到就起义，弃暗投明奔前程。

赤派勿官只要兵，今日一看方知情。日前流沙庞柱起义来，定被看作黄盖投曹营。

当年红毛闹城楼，我奉命令保法庭，定被看做是仇敌，不如转身早回程。

老洪认真看一遍，标语本意无差偏。庞柱已经升营长，伊若闻知就了然。

可惜早间临急来开枪，未作争取先杀伤，伊心原已有顾虑，从此顾虑就更多。

白军受伤又受惊，慌慌张张回敌营，误做刻字就是我，报给恶蛇贾仁听。

蛇党将错当作真，更想缉拿刻字人，不如将差就错来行计，诱敌上钩从我心。

愈想思路就愈开，一桩妙计心上来，全部计划未道破，头步工作先安排。

走到树下来闪凉，坐地就对老万谈：盐岭地势好刻字，两个哨兵帮你忙。

最近上级发下标语来，一组三幅无分开，"武装拥护苏联"这一幅，今年才见提出来。

"列宁主义万岁"在中央，你就大力做宣传，工作方法如此又如此，细声吩咐在耳边。

三、再辟战场

老洪指示好周详，谨记在心无外传，老万煮糜四更起，来到盐岭天拉朗（将亮）。

盐岭径鸡啼听三县，抬头看望见虎踞山，昔日在此发生龙虎斗，反对恶蛇占民田。

低头再把右边看，老榕树生近无底潭；左边山高石叠石，小榕树生在石缝间。

老榕树貌似长寿翁，树龄虽高生机旺；小榕树貌似伊孙儿，根穿石缝性倔强。

两树左右相对向，地下树根暗相连，盐岭亭坐在榕根上，风打榕枝手相牵。

若得阿英来到此，公孙会合也一双，将树比人人比树，双双在此比倔强。

再看岭上人来往，担柴担炭担私盐，个个都是铁打汉，块块石板被踏穿。

一支扁担养数口，万滴汗珠换斤盐，盐味咸来盐卤苦，挑夫象在卤中腌。

盐岭村出名盐岭梨，酥甜无粕饲别人。虽有梨市共盐市，人民食苦未食甜。

两样人，一样苦，苦命人，心相连！天时作恶入亭共避雨，天时炎热树下同乘凉。

路边有块大岩石，生来面阔势又长，天公有意赐白纸，给我刻字作宣传。

（念）"列宁主义万岁"，刻在这里上对点！

高举铁锤当枪炮，在此开辟新战场。

若将盐岭比做一条龙，标语一刻就如龙点睛，虎踞龙盘龙胜虎，一想到此心就清。

（念）此时日头热过火，脚底踏地痛入髓，一下铁锤十滴汗，屁股坐石如烙粿。

（白）有些过路人问他："什么叫做列宁主义？"

老万就把政委说过的话对他们解释，乘机进行宣传。

宣传宣传又宣传，日已落山黑茫茫，回家路上云盖月，就请萤姑来帮忙。

萤姑发光虽然微，也如大海露船桅，船桅使人知航道，顺着航道来回归。

隔日媳妇去种田，万姆煮粥备早餐，孩儿送信过村去，孙儿饲鸡在门旁。

糜饭落肚有精神，老万立即就起程，满面笑容到工地，枝头小鸟来欢迎。

正欲举手动铁锤，过往行人又来围，老万一谈到日落，晚鸦催他快回归。

正欲回归月东升，举锤补课喜腾腾。星星帮他来照字，月娘代伊来提灯。

伊心比月还要亮，眼比星星还要明，披星戴月只为石上红花开，香飘万里颂列宁。

…………

附录四　铁笔千秋颂

郭马风

在石头上刻写革命标语,而且由一个人自动自觉坚韧不拔地刻写那么多,这在全国各革命根据地中是独一无二的。1962—1963年,汕头文艺工作者多次上大南山搜集革命史迹,我和马毅友同志曾到后棚村访问翁阿千事迹,我写了这个故事,马毅友同志写了潮州方言歌《铁锤颂》。后来陈望同志完成了木刻组画《南山魂》。

艺术是智慧之花,但是在旧社会同时是血泪之花。艺人们呕心沥血,为社会献出了艺术才华,而结果,许多人潦倒终生,有的甚至惨遭毒害,他们到了生命的最后一刻,除了埋怨命运,就不知道究竟为什么!

这里我要追念的是一个有别于此的石匠艺人翁千。他虽然生于皇帝还坐龙廷的清帝国(光绪二年,即1876年),却活到剪掉了辫子的民国,而且见到了旷古未闻的共产党和红军,知道了什么叫命运,什么叫革命。可惜他没能够活到他所追求的艳阳世界,为我们这个时代刻下新的百鸟图,刻下锦绣新河山……

翁阿千出生于大南山里一个满山石头的小村——后棚。村里翁、游、黄三姓世代以打油麻石臼为职业,巧匠辈出。翁阿千长大成人,他不单会刻精细的石臼,更擅刻石花篮,石锣鼓,石字画,花草翎毛,篆、隶、行、草,浮雕、通雕,件件都巧。民国十二年前后,他已年近五十,他的老伴已为他生过八胎男孩。虽说大一点的孩子已经十多廿多岁了，跟他拿起钢锥来，但是这一家众口子每日如何过三顿，却越来越不好办，甚至要找块石头来打石臼也困难了。石臼是用油麻石打成的，但是统治着后棚村的附近大乡地主们规定：凡是他们的祖坟所面向的地方，不准任何人破石；甚至还说：凡是站在他们的祖坟能听到炸石声的界内不准炸石。那时，平原的大乡地主的每一句话就是法律。这不就给后棚村人勒紧了吊索吗？那时，后棚村的许多山地都给地主坟占去了。阿千的一穴祖坟在"虎地"，被地主看中了，便强行在附近葬下。葬下也就罢了，还说阿千的祖坟伤了他们祖坟的"明堂"，强令迁葬。阿千父子在村门口开了片荒地，刚种下甘薯，地主就看中了这地方，说这是"黄蜂采花"地，要来葬祖坟。阿千跟他们辩理，说："这是我开的荒。"地主说："你们后棚这一带的山自古就是我们的，我们不算账就是宽容你了，你还想阻挡！"阿千忍不住了，说："你们这样积恶，叫我们生者不宁，死者也不宁，你们就有好日子么？"这一说惹祸了。他们将翁阿千抓到潮阳城去坐牢。阿千的三个弟弟和乡亲们左托右求，送了礼物，才将他放了出来。阿千回到家里，越想越气恨。

过了二年，就是1925年。有一日，阿千听他的四弟长毛说，海陆丰出了个彭湃，组织赤脚成立了穷人会叫农会，也已派人来到普宁、潮阳平原乡村组织农会，主张天下劳工、农友团结起来打土豪，打劣绅，打军阀。阿千听到这个消息，眉毛都竖起来，跟四弟长毛、堂弟达三等人说："我们都去将这消息探实，若果是真，我们都去参加这个会。"改日，他们便分头下山，来到了成田乡，探听得有个马锡浩已经在祠堂前树了面犁头旗，叫四乡六里的农民都可参加。当下，他们都缴了几枚铜元，便在那里入会。除了早逝的长子，阿千和二、三、四几个孩子都登记了名字，入了会。他的一生，也有好几次让人家记上了名字，但每一次都好象被捏去灵魂一样，而这回，却十分舒畅，十分轻松和自豪。

说也奇怪，听说来组织农会工会的人都是共产党，是孙中山先生赞同的。自从出了共产党，天下赤脚都象风一样呼呼地吹响起来，开会呀，游行呀，擎红旗呀，喊口号呀，还有唱歌。后棚村的农民，也下山来参加了平原赤脚的游行，喊着："工人农民团结起来！""铲除土豪劣绅！""打倒帝国主义！""消灭封建主义！"的口号。高唱："打倒列强！打倒列强！除军阀，除军阀！国民革命成功，国民革命成功，齐欢唱，齐欢唱！"的歌曲。

阿千带着孩子们、兄弟参加了游行，喊口号。

高歌的时日，一转眼就过去了春夏秋冬。此时又是一个春天——1927年的春天。人们期望着：今年的春天，雨水该比去年更均匀呀！将来收成好，又有"二五减租"，秋天就真是个清爽的季节了。可是到了梅雨季节，就听说，那些由头家绅士组织的新国民社要作乱。国民党潮阳县党部那个周潜，原是打着赤卫团旗号的，听说最近反对农民了。

过了几天，早秧刚插下，就听说蒋介石下命令大捕大杀共产党、工会和农会的积极分子。接着，潮阳、普宁、惠来，也开始杀人捕人了。那时，有许多人花了钱逃走南洋，但有的人刚到汕头就被抓了；有的坐上木船刚要上火轮就被枪杀，掉到海里去了。阿千说："这不行，我们不能走这条路。我们应该入山。我们有一支钢钎、铁锤就能活下去。"孩子们都同意按照父亲的吩咐行事。

阿千带着孩子们到了深山人家去寻些零碎生计，看看过了几个月，除了平原还继续捕人杀人外，山里头还算平静，也便回村顾及些田园。这时已是1928年春天，听说彭湃带着农军到大南山来了，先是在西部打仗，接着还打进了惠来城。接近东区平原的后棚村在夜间也有些人出出进进。听说是来组织农会的，但没有人来找他，他也不便问。出乎他的意外的是他的堂弟翁达三、二儿子、三儿子、四儿子都是秘密农会的赤卫队员。

不久就发生了敌人包围后棚村的事，敌人在山间房子里搜到一面犁旗，将它连同房子一起烧了。阿千一见犁旗被烧就象烧了自己的心一样。他气愤极了，深陷的眼窝射出一束光芒，一个念头涌上了他的心头：布的烧得，石的你毁得吗？

之后，他悄悄地来到村西合溪附近的山上，拣了一块向着路口的大石头，刻了一张犁，又在一旁端端正正地刻了"农民起来组织农会"八个大字，然后揩上了红油，红闪闪，光亮亮的。阿千站在路口，端详了一下，脸庞露出了满意的笑靥。心里又骂道："让你再来毁吧！看看你的刺刀硬还是我的钢钎硬！"这是阿千为革命刻下的第一条石头标语，也是唯一的一面"犁旗"。红犁大石高耸在山上，就象一面红旗在山上高飘。

过了年，就是1929年，阿千已五十三岁。这时，老伴又给他生下个女儿！"千伯，九龙吐珠啦，该给她起个雅名啦！"乡亲们向阿千建议道。阿千说："承大家的好话，就叫宝珠吧！"老伴一连生了八胎男孩，这回生了个宝珠，阿千却甚疼爱，他说："说不定到她成人时，那个社会主义就到来了，她的命才好呢！"可是，过了不久，敌人突然来剿后棚村，并在附近几个小村漫天放火，村民又再逃散，有的过洋，有的逃向平原，有的入山。阿千对几个大的孩子说："这里是住不下去了，我们再入山吧！"孩子们都同意了。当下由木松跟上级联系，上级为了让这个红色家庭不再遭受更多的损失，同意他们入山。阿千对全家人说："全村都知道了，我们一家都是红的了。"

离乡别井，本来是最难忍受的，特别是这么一大家口，该多惨呵！可是这时全家人却都欢欢喜喜。他老伴本来是不愿走的："走了神佛也就罢了，走了祖公，多狠呵！你们都走，我条老命留在这里拜祖公吧！"阿千说："不是我狠，是白狗仔，是仇人，你懂吗？"老伴听得也是，便也收收拾拾，在祖公神牌前，插上几条香，虔诚地拜了几拜，将祖公神牌"请"了下来，捧在手里，一步一步地跟着儿媳们一起朝着深山走去。

　　阿千一家来到了惠来县属的龙头坑村。老二、老三和老四木松都参加了红军。翻过年是1930年的春天，这里土地改革了。农民们分给他家好田，因为他家是军属。分到了土地，这不是做梦么？苏维埃的赤脚们多好呀！给我这个异姓一大家口子分好田，还派工来帮耕呀！这怎当受得起？

　　阿千一家人真不知怎样来感谢龙头坑村的赤脚兄弟呵！怎样来报答苏维埃的功恩呵！

　　恰好这时苏维埃政府号召扩大红军和赤卫队，阿千就跟老伴说要将阿五、阿六两个少先队员送去；两个少先队员兴冲冲，欢天喜地，老伴这时也就同意了。长大一个送一个，阿千送了五个儿子参加红军。儿子都上前线去了，自己呢？阿千又有打算了。

　　那时，反动派的围剿更疯狂了，整个苏区人民都投入对敌人的生死搏斗。敌人所到之处，贴些龟子龟孙的标语，红军的一些标语也被刷了。阿千一见就冒火："让我的钢钎来跟他们吧！"他背着"功夫篮"来到了县苏维埃，向上级建议道："过去我给财主们雕花刻鸟，如今让我去刻红标语吧！"上级赞扬他提了个很好的建议。

叮、叮、叮……慢慢地，均匀的，那样地沉浑，那样地响亮，从晨到午，从午到昏，大南山里重要的通道、山头，响起了阿千的钢钎敲击声。翁阿千驱使大南山的石头投入对敌的战斗！

惠潮普三县工农兵代表大会就要在石狮埔召开了，这是惠潮普三县第一次有自己的苏维埃呀！大会主席台前不是有块大石吗？应该给这有历史意义的节日祝贺呀，应该给它留下史迹呀，于是他来到台前，"惠潮普工农兵第一次代表大会万岁！"的石刻标语出现了，端庄、沉雄、红闪闪……与此同时，"反对第二次世界大战！""武装拥护苏联！"等几条标语口号也在附近的石头上出现了。

不久，1931年的春天，惠潮普苏维埃政府确定在某竹丘地方开辟一个可以召开大会和军事检阅的红场，阿千又来到了那块作为讲台的大石上刻了石阶梯，并刻下了"巩固苏维埃政权！"一行大字。

在将近三年的时间里，阿千的石头标语散布在大南山的中部和东南部许多重要的通道和山头。

阿千刻标语，不需要他人给他起稿样。这位不曾念过书的老石匠，几十年在给地主财主们刻楹联碑记中，篆、隶、行、草，已学了一手，特别有一手稳健大方的颜体，正适合刻革命标语，他自己也不必起稿本，只用粉笔或红土在石头上圈一下便行。他没念过书，认的字却很多。在刻标语时，他对一些字另有心意地进行变动，如国民党的"党"字他写成"獞"，共青团的"团"字写成"囻"，AB团（潜入红军的敌特反间组织）的"团"字写作"囼"。在红场戏台前的石刻标语"巩固苏维埃政权"的"巩"字写作"鞏"，更有一番深意，石匠阿千向人们宣称：廿世纪平凡的劳动人民起来革命了！苏维埃政权一定会建立和巩固起来的！这些字眼，不正表明石匠的铁笔饱蘸着如火一样的爱和恨的阶级感情么？

　　老二、老三、老四、老五、老六几个孩子都先后参加红军了。阿千对几个上了战场的孩子是相信得过的，他也估计到牺牲是免不了的。他早有思想准备。敌人天天来进攻，天天都有可能打仗；今天，或许明天，他会听到哪一个孩子英勇牺牲的消息。1929年秋天，林招保卫战打响了。他的四子木松在四十九团当连长，五子翁记当班长，都参加这次战役。当战场上传来了林招大捷的消息的时刻，同时也抬来了木松的尸体和重伤的翁记。阿千深陷的眼窝饱含着不愿沁出的泪珠，抚摸着最机灵的爱子木松的尸体，一边劝告痛哭不已的老伴："好啦！好啦！到老虎洞医院去！"因为五子翁记已被送到老虎石洞医院了。翁记伤得还不太重，不久治愈又上战场了。

红军根据阿千的意见将烈士木松的尸体抬到大陂村一个小山上，坐北朝南，向着红场。阿千默默地在儿子的棺木前祷告：生为革命人，死为革命鬼！生死都向着红场。连夜为儿子劈了墓碑，并为儿子另起名字庸浩。有人问起为什么给烈士另起名字，他说："庸是族辈序，浩是浩气长存！"他小心为儿子坟墓添土铺上草坯，弄得严严实实，之后，在墓地流连数时。然后他又背起功夫篮，出现在山头上，叮叮叮，响起了刻写石头标语的声音。

后来他的六子也在战场上牺牲了。同样他也为儿子刻写墓碑，安葬在附近山上，向着红场。再后，二子龙合被捕在潮阳城牺牲了，翌年才由家人到潮阳城收取骨骸，安葬在家乡。

三个孩子为着人类的解放牺牲了。一见老伴时常要噙泪水，阿千咬一咬厚嘴唇，说："我们一家到南山来是不甘屈死而来的，战死也比屈死饿死好！"在阿千的教育和影响下，他的老伴和儿媳，忍住泪水，不说一句泄气的话，和南山里千千万万的姐妹婶姆们一起，帮着红军舂米、煮饭、洗衣、烧水、抬担架、掩蔽物资……撑直腰昂起头。

1932年春天，敌人又倾巢围剿大南山。他们实行"三光"政策和所谓"涸池抓鱼"的战术，迫使山里群众移民到平原，以切断群众和红军的联系。这时红军跟敌人展开了更加多种方式的斗争。阿千一家，是敌人搜捕的对象。他的两个小儿子在疏散隐藏到惠来县属的后庵村亲戚家而后还不能立足的情况下过洋了。他的老伴和媳妇也分头疏散到平原去。阿千因为年老身残，也被说服疏散到平原去。平生打石为生，吸了太多的石粉末，加上几年来的艰苦斗争，阿千的身体已十分衰弱，又经过几个月的流徙，终于开始吐血，一次、二次、三次，龙头坑村已不能去了，于是，他同老伴、寡媳和两个还不懂事的孙儿茶元、进元回到故里后坪村来。

在几户乡亲帮助下，阿千一家在荒芜的土地上重新耕种。看看过了几个月，刚刚有点收成，阿千却又连续咯血，再没有什么生的希望了。老伴、寡媳拉扯着两个幼小孙儿围在床前，阿千伸出那双干枯的手，吃力地抚摸着幼孙对老伴、媳妇说："家就是这个样了。孩子他们是会回来的，你们死也不能离山呵！"说着喘着，终于合上了双眼，深深的眼窝好象能容纳世上的一切苦难；严肃刚正的脸孔露出了慰藉的神情，好象告诉人们：我已经尽了一生的责任，你们一定会听我的话呵！

铁笔巨人的愿望实现了。他的那副钢钎、钢锤也被寻找出来，作为珍贵的革命文物陈列在县博物馆里。他的53句石刻标语，依然闪闪放光。多少革命的后来者攀山越岭，寻觅当年红军的脚印，瞻仰这些不朽之花，汲取奋发的热力，汲取艺术的养料，塑造铁笔巨人的高大形象！

（载《潮阳文艺》20世纪80年代）

参考文献

典籍志刊

《潮阳市志》编纂委员会：《潮阳市志（1979—2003）》，广州：广东人民出版社，2012年。

潮阳文联：《潮阳风》，历期。

潮阳县县志编纂委员会办公室：《潮阳概况》，内部资料，1989年。

华光普：《中国古钱目录（下卷）》，长沙：湖南人民出版社，1998年。

李圃：《异体字字典》，上海：学林出版社，1997年。

林伦伦、吴勤生：《潮汕文化大观》，广州：花城出版社，2001年。

饶宗颐：《潮州志》，潮州市地方志办公室，2007年。

王琳乾、邓特：《汕头市志》，北京：新华出版社，1999年。

许慎：《说文解字》，北京：中华书局，1963年。

政协广东省潮阳市委员会《潮阳文史》编委会：《潮阳文史》，历期。

中共巴中市委、巴中市人民政府：《川陕革命根据地红军石刻影印集》，内部资料，2005年。

中共广东省委党史研究委员会、东江革命根据地史料征集编写协作组、潮普惠苏区史料汇编协作组：《东江革命根据地潮普惠大南山苏区史料汇编》，内部资料，1987年。

论著

陈晓东、适庐：《潮汕文化精神》，广州：暨南大学出版社，2012年。

陈泽泓：《潮汕文化概说》，广州：广东人民出版社，2001年。

陈占山：《海滨"邹鲁"的崛起：宋元潮州研究》，北京：中国社会科学出版社，2015年。

杜松年：《潮汕大文化》，北京：中国科学技术出版社，1994年。

黄挺：《潮汕文化源流》，广州：广东高等教育出版社，1997年。

马毅友：《铁锤颂》，广州：花城出版社，1985年。

裘锡圭：《文字学概要》，北京：商务印书馆，2013年。

王琳乾、陈大石、萧有馥：《潮汕自然地理》，广州：广东人民出版社，1992年。

谢铿：《潮汕民间艺术·工艺卷》，汕头：汕头大学出版社，2014年。

谢佳华、李楠：《潮汕书法史稿》，杭州：西泠印社出版社，2022年。

张涌泉：《汉语俗字研究（增订本）》，北京：商务印书馆，2010年。

后记

为弘扬社会主义核心价值观，传承中华优秀传统文化，以书法这一艺术形式广泛宣传贯彻党的二十大精神，推动全面学习、全面把握、全面落实党的二十大精神走深走实，进一步围绕中心、服务大局，弘扬伟大建党精神，为推进文化自信自强，铸就社会主义文化新辉煌作出新的更大贡献，汕头市书法家协会在汕头市政协支持下，组成课题组编撰出版《大南山革命石刻》。

大南山是联结潮普惠三地的纽带。土地革命战争时期，潮阳、普宁、惠来三县党组织和革命武装，利用大南山的优越条件，建立了潮普惠革命根据地，写下可歌可泣的斗争事迹，成为潮汕革命史的重要组成部分。革命石刻是革命斗争的重要实物见证，是人们缅怀先烈，接受革命传统教育的好去处。

本书的编撰工作启动于2022年初，年底完成材料搜集工作，2023年9月完成初稿，并先后召开多场专题会议，向党史界、艺术界和各有关部门征询意见，至2024年初付梓。

本书以图文配合方式，介绍在中国革命史与潮汕艺术史的脉络中，大南山革命石刻在中国红色文化中的功能定位，揭示大南山革命石刻在潮汕社会进程中所作出的贡献。前言之后分五方面内容：大南山革命根据地斗争简史、版画等艺术门类对大南山革命石刻的艺术表现、四山摩崖石刻等与大南山革命石刻的艺术比较、大南山革命石刻与川陕红军石刻的艺术比较、大南山革命石刻的造字与俗字。最后附录采用文献整理的方法，从搜集到的相关历史文献中，精选、编校出连环画《南山魂》《石刻标语与石匠翁千》，歌册《铁锤颂》，报告文学《铁笔千秋颂》等与大南山革命石刻相关的艺术文献，进一步反映大南山革命石刻的社会影响。

本书项目启动之后，编委会多次专门召开座谈会，赴大南山革命根据地采风，相关领导就编纂工作提出指导性意见，而书稿大纲由谢佳华与陈嘉顺、李楠、许蔚思、辜江枫、林松练讨论拟定，全书统稿工作由谢佳华、陈嘉顺、李楠、林松练负责，汕头市作家协会黄学雯协助校对，最后由本书编委会审阅确定。

在史料收集与书稿撰写阶段，编者得到了中共汕头市委党史研究室、汕头市档案馆、汕头市图书馆、潮汕历史文化研究中心资料室及潮南区红场镇委镇政府等有关单位和多位知名专家的热情支持，为本书提供了翔实的史料。义者旺单丛品牌资助了本书出版的设计费用。

谨此一并致谢！

编者

2024年1月